外国の立法
立法情報・翻訳・解説

第 278 号

平成 30 年 12 月

目　次

主要立法（翻訳・解説）

アメリカの 2017 年女性、平和及び安全保障法 …………………………… 廣瀬　淳子・原田　久義… 1
　2017 年女性、平和及び安全保障法　　廣瀬淳子訳　9

ドイツにおける財政調整制度の改革
　―州間財政調整の縮小と連邦交付金の拡大― ………………………………………… 渡辺　富久子… 15
　ドイツ連邦共和国基本法（抄）―2017 年 7 月 13 日の改正法により改正された条文を中心に―
　　渡辺富久子訳　37

ドイツの SNS 法―インターネット上の違法なコンテンツ対策― ………………… 神足　祐太郎… 49
　ソーシャルネットワークにおける法執行の強化に関する法律（ネットワーク法執行法 - NetzDG -）
　　神足祐太郎訳　57

中国の新たな国家監察体制―中華人民共和国監察法― ……………………………… 岡村　志嘉子… 63
　中華人民共和国監察法　　岡村志嘉子訳　73

アメリカの2017年女性、平和及び安全保障法

国立国会図書館　調査及び立法考査局
専門調査員　海外立法情報調査室主任　廣瀬　淳子
主任調査員　海外立法情報調査室　原田　久義

目　次

はじめに
Ⅰ　国連安全保障理事会決議
　1　8つの国連安全保障理事会決議
　2　国連安全保障理事会決議第1889号—決議1325の実施状況を測る指標の設定—
Ⅱ　2017年法の制定
　1　法制化の経緯
　2　2017年法の概要
おわりに
翻訳：2017年女性、平和及び安全保障法

キーワード：女性、平和、安全保障、アメリカ、国連、安全保障理事会、決議第1325号

要 旨

　2000年10月31日に、国際連合の安全保障理事会は、女性・平和・安全保障に関する安全保障理事会決議第1325号を採択した。決議では、紛争等でとりわけ不利な影響を受けるのは圧倒的に女性と子供であることから、紛争予防や解決、平和構築の各段階と、平和と安全の維持、促進のあらゆる取組における女性の平等な参加が重要であり、これらの意思決定における女性の役割を拡大する必要性が強調されている。

　アメリカでは、2017年10月6日、同決議を具体化する「2017年女性、平和及び安全保障法」が、最初の法案提出からおよそ5年をかけて成立した。本稿では、同決議及びそれ以降に採択された女性・平和・安全保障に関する国連安全保障理事会の決議の概要、「2017年女性、平和及び安全保障法」成立の経緯及び概要を紹介し、併せて同法の全文を訳出する。

はじめに

　2018年10月5日、ノルウェー・ノーベル賞委員会（Norwegian Nobel Committee）は、2018年のノーベル平和賞（Nobel Peace Prize）を、紛争が続くコンゴ民主共和国で被害女性の治療と支援に取り組む医師ドニ・ムクウェゲ（Denis Mukwege）氏とイラクの少数派ヤジディー（Yazidi）教徒の権利擁護を訴えてきた活動家のナディア・ムラド（Nadia Murad）氏に授与すると発表した。戦争や武力紛争下における性暴力の根絶に尽力している両氏の受賞は、「性暴力を戦略並びに安全保障上の対応を必要とする世界平和及び安全保障の問題と認識する」とした、2008年の国際連合の安全保障理事会決議第1820号の採択から10年の節目に当たる。

　この決議第1820号の基となったのが、2000年10月31日に採択された女性・平和・安全保障に関する安全保障理事会決議第1325号[1]（以下「決議1325」）である。決議1325は、女性と平和、安全保障を関連付けた初の安全保障理事会決議とされている[2]。紛争等でとりわけ不利な影響を受けるのは圧倒的に女性と子供であることから、紛争予防や解決、平和構築の各段階と、平和と安全の維持、促進のあらゆる取組における女性の平等な参加が重要であり、これらの意思決定における女性の役割を拡大する必要性を強調している。また、加盟各国に対しては、具体的な行動計画の策定を求めている。

　決議1325に対応して、2018年9月現在、我が国を含む76の加盟各国[3]で行動計画が策定されている[4]。

＊　本稿におけるインターネット情報の最終アクセス日は、2018年10月22日である。
(1) *U.N. Doc.*, S/RES/1325(2000). <http://unscr.com/en/resolutions/doc/1325>; 和訳は、「安全保障理事会決議1325(2000)」国連広報センターウェブサイト <http://www.unic.or.jp/files/s_res_1325.pdf>
(2) 外務省「女性・平和・安全保障（WPS）に関する安保理決議と「行動計画」」2014.6. <https://www.mofa.go.jp/mofaj/files/000023403.pdf>
(3) "Members States: National Action Plan for the Implementation of UNSCR 1325 on Women, Peace and Security" Peace Women website <https://www.peacewomen.org/member-states>
(4) 日本における行動計画は、「女性・平和・安全保障に関する行動計画」外務省ウェブサイト <https://www.mofa.go.jp/mofaj/files/000101797.pdf>

アメリカでは、2017 年 10 月 6 日、決議 1325 を具体化する「2017 年女性、平和及び安全保障法」(Women, Peace, and Security Act of 2017, P.L.115-68)[5]（以下「2017 年法」）が、最初の法案提出からおよそ 5 年をかけて成立した。

本稿では、決議 1325 及びそれ以降に採択された女性・平和・安全保障に関する国連安全保障理事会の決議の概要、2017 年法成立の経緯及び概要を紹介し、併せて 2017 年法の全文を訳出する。

I 国連安全保障理事会決議

1 8 つの国連安全保障理事会決議

安全保障理事会は、2000 年 10 月 31 日に決議 1325 を採択して以降、同決議に加え女性・平和・安全保障に関する 7 つの決議[6]を採択している。これらの決議は、平和構築及び紛争予防における女性のリーダーシップに関する決議と紛争に関連する性暴力の予防及び対応に関する決議に大別されている。各決議の概要は表 1、表 2 のとおりである。

表 1　平和構築及び紛争予防における女性のリーダーシップに関する決議

年 決議	概要
2000 年 第 1325 号	和平交渉、人道支援計画策定、平和維持活動、紛争後の平和構築及び統治に女性の参加及びジェンダーの視点を含めることの重要性を確認する。
2009 年 第 1889 号	決議 1325 の実施の強化及び監視のための指標の確立を強調する。事務総長に対し、平和構築における女性の参加及び受入れに関する報告書の安全保障理事会への提出を要請する。
2013 年 第 2122 号	決議 1325 のアジェンダの実施において持続するギャップを明らかにする。ジェンダーの平等及び女性のエンパワーメントを、国際的な平和及び安全保障にとって最重要のものとして位置付ける。女性及び女児への、紛争下の全ての暴力の差別的影響を認識する。安全保障理事会の業務において横断的に、決議 1325 が一貫性をもって適用されることを要請する。
2015 年 第 2242 号	専門家グループを設置する。財政及び機構改革を含む実施において、持続する障害を明らかにする。決議 1325、テロリズム防止、及び暴力的過激主義防止のより大きな統合に重点的に取り組む。決議 1325 に関する安全保障理事会の改善された業務手法を要請する。

（出典）"Security Council Resolutions: Women, Peace and Security," UN WOMEN website <http://www.unwomen.org/-/media/headquarters/attachments/sections/library/publications/2017/wps-resolutions-poster-en.pdf?la=en&vs=4004> を基に筆者作成。

表 2　紛争に関連する性暴力の予防及び対応に関する決議

年 決議	概要
2008 年 第 1820 号	性暴力を戦略並びに安全保障上の対応を必要とする世界平和及び安全保障の問題と認識する。
2009 年 第 1888 号	安全保障理事会の特別代表並びに法準則及び性暴力の専門家のチームを設立することにより、紛争下の性暴力の終結に向けた努力を強化する。
2010 年 第 1960 号	紛争下の性暴力に関する監視及び報告のメカニズムを確立する。
2013 年 第 2106 号	紛争下の性暴力の加害者の責任追及に重点的に取り組む。

（出典）"Security Council Resolutions: Women, Peace and Security," UN WOMEN website <http://www.unwomen.org/-/media/headquarters/attachments/sections/library/publications/2017/wps-resolutions-poster-en.pdf?la=en&vs=4004> を基に筆者作成。

---

(5) Women, Peace, and Security Act of 2017. <https://www.congress.gov/115/plaws/publ68/PLAW-115publ68.pdf>
(6) *U.N. Doc.*, S/RES/1820(2008). <http://unscr.com/en/resolutions/doc/1820>; *U.N. Doc.*, S/RES/1888(2009). <http://unscr.com/en/resolutions/doc/1888>; *U. N. Doc.*, S/RES/1889 (2009) . <http://unscr.com/en/resolutions/doc/1889>; *U. N. Doc.*, S/RES/1960 (2010). <http://unscr.com/en/resolutions/doc/1960>; *U. N. Doc.*, S/RES/2106 (2013) . <http://unscr.com/en/resolutions/doc/2106>; *U. N. Doc.*, S/RES/2122(2013). <http://unscr.com/en/resolutions/doc/2122>; *U.N. Doc.*, S/RES/2242 (2015). <http://unscr.com/en/resolutions/doc/2242>

2　国連安全保障理事会決議第 1889 号―決議 1325 の実施状況を測る指標の設定―

　これら一連の決議の中で注目されるのは、2009 年 10 月 5 日に採択された安全保障理事会決議第 1889 号（以下「決議 1889」）である[7]。安全保障理事会は決議 1889 の中で、事務総長に対して、平和構築における女性の参加及び受入れに関する報告書の提出を求め、また、決議 1325 の実施状況について共通の基準で測ることができる指標の設定を要請した。事務総長は決議 1889 を受け、2010 年 9 月 28 日に報告書「女性、平和及び安全保障」[8]を安全保障理事会へ提出した。

　当該報告書の末尾に「総合的指標一式」（Comprehensive set of indicators）[9]が示されている。全体を「予防」、「参加」、「保護」、「救援と復興」の 4 つのパートに分け、それぞれに目標が掲げられ、それらの目標に紐付く 36 項目の指標が設定されている。また、指標は性質に応じて量的及び質的指標に振り分けられ、以下、課題と指標収集の主体、内容、状況に応じて付け加えられるべき説明、関連する決議のパラグラフの一覧が示されている。

　例えば、「予防」の目標「紛争中、停戦中、和平交渉中及び紛争後における女性と女児の権利侵害を監視し、報告し、それらに対応するための機能的システムを整備すること」については、指標の性質として「質的（記述等の内容分析）」が設定されている。課題と収集の主体として「国連の平和維持活動や政治派遣団が安保理へ定期的報告の中で女性と少女への人権侵害に関する情報をどの程度取り入れているか。責任：国連政治局・平和維持局・UN Women[10]」、内容として「報告の提言に関する章の中の施策についての記述（提案された施策と実施された施策）」としている。また状況に応じて付け加えられるべき説明として「(a) 報告されている状況についての記述と報告が扱っている範囲についての記述、(b) 状況分析と提言の関連、(c) 過去の提言がどの程度実施されたか、(d) ジェンダー・アドバイザーの報告がどの程度、公式の報告に反映されたか」を挙げている。

　2010 年 10 月時点で行動計画を策定していた加盟国は 37 か国であったが、決議 1889 の採択及び事務総長の報告による実施状況の測定指標の設定以降、2018 年 9 月までに 76 か国に倍増し、加えて、欧州連合（EU）[11]、北大西洋条約機構（NATO）[12]、アフリカ連合（African Union）[13]等の国際機関においても、紛争の予防及び解決への女性の参加を促進する取組が行われている。

---

(7)　川眞田嘉壽子「安全保障理事会決議 1325 の実施と国内行動計画」『国際女性』No.26, 2012.12, p.94. <https://www.jstage.jst.go.jp/article/kokusaijosei/26/1/26_92/_pdf/-char/ja>

(8)　"Women and peace and security: Report of the Secretary-General," September 28, 2010. <https://www.securitycouncilreport.org/atf/cf/%7b65BFCF9B-6D27-4E9C-8CD3-CF6E4FF96FF9%7d/WPS%20S%202010%20498.pdf>

(9)　*ibid.*, pp.33-48. 和訳は、三輪敦子「女性と平和・安全保障をめぐって―国連安全保障理事会決議 1325 号の意義と課題」『世界人権問題研究センター研究紀要』16 号, 2011.3, pp.43-51. 本稿での引用は同翻訳により、一部改めた。

(10)　2010 年 7 月 2 日の国連総会決議により、DAW（国連女性地位向上部）、INSTRAW（国連婦人調査訓練研究所）、OSAGI（国連ジェンダー問題特別顧問事務所）、UNIFEM（国連女性開発基金）の 4 機関を統合して設立された、United Nations Entity for Gender Equality and Empowerment of Women（ジェンダー平等と女性のエンパワーメントのための国連機関）の略称。認定 NPO 法人国連ウィメン日本協会ウェブサイト <http://www.unwomen-nc.jp/un-women>

(11)　"Comprehensive approach to the EU implementation of the United Nations Security Council Resolutions 1325 and 1820 on women, peace and security." December 1, 2008. Seesac website <http://www.seesac.org/f/img/File/Res/Gender-and-Security-Resources/EU-implementaion-of-the-UNSC-resolutions-Women-639.pdf>

(12)　"NATO/EAPC Women, Peace and Security Policy and Action Plan 2018." <https://www.nato.int/nato_static_fl2014/assets/pdf/pdf_2018_09/180920-WPS-Action-Plan-2018.pdf>

(13)　"African Union Gender Policy." United Nation website <http://www.un.org/en/africa/osaa/pdf/au/gender_policy_2009.pdf>

Ⅱ　2017 年法の制定

1　法制化の経緯
(1) 2011 年国家行動計画の策定

アメリカでは決議 1325 を受けて、2011 年 12 月にオバマ (Barack Obama) 大統領が、女性、平和、及び安全保障に関する国家行動計画を規定する行政命令第 13595 号[14]を発令し、国家行動計画[15]が公表された。

行政命令の第 2 条で、国家行動計画はおおむね次の 5 つの分野について策定することを定めていた。

① 国家的統合と制度化

　省庁間の調整、政策開発、専門的な研修や教育、評価を通じて、合衆国政府は、紛争により影響を受ける環境下での外交、開発、防衛関係の業務について、ジェンダーに対応したアプローチを制度化する。

② 平和プロセスや意思決定への参加

　合衆国政府は、平和プロセス、紛争予防、平和構築等における女性の権利、効果的なリーダーシップ、本質的な参加を推進し、強化することにより、包括的で、持続可能な平和への見通しを改善する。

③ 暴力からの保護

　合衆国政府は、危害、搾取、差別、虐待を防ぎ、これらから女性や子供を守る取組を強化する。

④ 紛争予防

　合衆国政府は、紛争予防における女性の役割を強化し、ジェンダー視点の統合を通じて紛争への早期警戒・対応システムを改善し、安定的な社会や継続的な平和の基盤を作るため、女性や女児の健康、教育、経済機会へ投資する。

⑤ 支援と復興へのアクセス

　合衆国政府は、紛争による災害や危機における女性と子供の特別なニーズについて、人道支援に安全、公正にアクセスできるようにすることを含めて、対応する。

(2) 国家行動計画の改訂

国家行動計画は、2016 年 6 月に改訂された[16]。2016 年の国家行動計画は、国家政策、平和及び安全保障における女性の活動の事例、国家行動計画の策定及び更新、国家目標及び行動の枠組み、調整・実施・監視・報告、参加・協力、行動の要請、の 7 章から構成され、次の 5 つの原則に基づいていた[17]。

---

(14) "Executive Order 13595 of December 19, 2011: Instituting a National Action Plan On Women, Peace, And Security," *Federal Register*, Vol.76 No.247, December 23, 2011, pp.80205-80207. <https://www.gpo.gov/fdsys/pkg/FR-2011-12-23/pdf/2011-33089.pdf>

(15) "United States National Action Plan on Women, Peace, and Security," December 2011. White House President Barack Obama website <https://obamawhitehouse.archives.gov/sites/default/files/email-files/US_National_Action_Plan_on_Women_Peace_and_Security.pdf>

(16) "The United States National Action Plan on Women, Peace, and Security," June 2016. USAID website <https://www.usaid.gov/sites/default/files/documents/1868/National%20Action%20Plan%20on%20Women%2C%20Peace%2C%20and%20Security.pdf>

(17) *ibid.*, pp.2-3.

① 平和や安定の役割を担う女性の関与や保護は、安全保障の推進、紛争の予防、対応、解決、暴力的過激主義との戦い、社会の再構築のための、合衆国の取組の中心にある。
② 合衆国の「国家安全保障戦略」や「4年ごとの外交及び開発政策見直し」に記載された、ジェンダーの統合の目標の上に更に国家行動計画を打ち建てることにより、女性、平和及び安全保障に関する合衆国の取組は、ジェンダーの平等や女性のエンパワーメントの推進、人権の尊重、危機や紛争下での弱者のニーズを明確にする等の既存のイニシアティブを補完し向上させる。
③ 政策を実施するに当たり、合衆国は包摂の原則に従う。あらゆる社会的特性を持つ、幅広い関係者の見解や意義ある参加を求める。
④ この計画の効果を最大化するために、合衆国は女性、平和及び安全保障を支援する活動について、政府のすべての省庁の支援活動を調整し、関連する外交政策イニシアティブと統合し、国際的なパートナーの関与を向上させることを確実にするものとする。
⑤ 合衆国政府の省庁は、この計画の政策等の実施に説明責任を持つ。

「国家目標及び行動の枠組み」としては、17項目の成果目標、それらを達成するための具体的行動及び所管省庁が示された[18]。

(3) 2017年法の制定

これらの取組を立法化する法案は、112議会（2011-12年）[19]から毎議会期、両院に提出されてきた。114議会（2015-16年）の2016年11月には、2016年女性、平和及び安全保障法案（H.R.5332）が下院のみ通過した。115議会（2017-18年）に提出された法案（S.1141）は、合衆国として、暴力的な紛争の防止、仲裁又は解決のために、仲介や交渉過程に女性の意義ある参加を促進することを確実に実施させることを目的とする[20]もので、2017年法として、2017年10月6日に成立した。

2 2017年法の概要

全9条からなる同法の概要は、次のとおりである。

(1) 認定（第2条）

世界中で、紛争予防や解決、紛争後の平和構築において、女性が過少代表にとどまっていることや、その一方で、女性がこれまでこれらの分野で顕著な成功を収めてきたこと等を、連邦議会として認定した。

(2) 連邦議会の意思（第3条）

紛争予防や解決への女性の意義ある参加は、より包括的で、民主的な社会の促進に役立ち、国や地域の長期的な安定に決定的に重要であること、また、合衆国が紛争予防等の取組において、女性の意義ある参加を促進する世界的なリーダーでなければならないことは、連邦議会の意思であるとした。

---

(18) *ibid.*, pp.18-30.
(19) Woman, Peace, and Security Act of 2012 (S.3477). <https://www.congress.gov/bill/112th-congress/senate-bill/3477>
(20) *Women, Peace, and Security Act of 2017, Senate Report*, 115-93, June 8, 2017, p.1. <https://www.congress.gov/115/crpt/srpt93/CRPT-115srpt93.pdf>

(3) 政策の表明（第4条）

具体的に列挙された各種の外交的努力やプログラムにより強化される海外における紛争の予防、管理や解決、紛争後の支援及び復興の取組のあらゆる側面への女性の意義ある参加を促進することが、合衆国の政策であるとした。

(4) 戦略（第5条）

この法律が制定されてから1年以内に、またその4年後に、大統領は、第4条で表明された政策目的をどのように実現してゆくのかを記述した、「女性、平和及び安全保障戦略」を策定し、連邦議会に提出しなければならないとし、この戦略に盛り込む内容が詳細に規定された。

また、大統領が、平和構築等に関わる女性に対して、技術的支援や研修等を実施するべきことや、必要に応じてジェンダー分析[21]を適用すること等が、連邦議会の意思として表明された。

(5) 研修（第6条）

国務長官、合衆国国際開発庁長官及び国防長官が、紛争予防及び平和構築への女性の参加に関する研修を関係する要員に確実に受けさせなければならないことと、研修の分野が規定された。

(6) 協議及び協力（第7条）

国務長官と合衆国国際開発庁長官が、安全保障及び平和構築の分野への女性の参加について、海外にいる合衆国の要員が適切な関係者と協議するようガイドラインを策定するか、あるいは、他の手段を講じることができるとした。

また、国際的な平和維持活動において、女性の意義ある参加を促進するために、国務長官は、国際組織や国、地方の組織と協力しなければならないとした。

(7) 連邦議会への報告（第8条）

第5条に規定する戦略の提出後2年以内に、大統領は、同戦略の実施の概要等に関する報告書を連邦議会に提出しなければならないとした。

おわりに

1989年から2011年にかけて行われた和平交渉において、女性が参加した場合に、和平合意が2年持続する確率が20%増加し、更に15年持続する確率が35%増加するという分析結果がある[22]。一方、1992年から2011年にかけて行われた和平交渉において、女性が交渉責任者であった割合は2%、交渉者であった割合は9%にすぎない[23]。

こうした状況を改善するため、アメリカの果たす役割は大きい。2017年法が成立したことにより、これまでの行政命令を根拠とする取組よりは、政権が交代したとしても政策変更がされにくくなることが予想される。また、大統領や政府の戦略策定等が法定されたことから、女性の参加が実質的に促進され、世界の安全保障の推進に貢献することも期待されている。

---

(21) ジェンダー分析とは、社会・経済分析の一種で、家庭、コミュニティー、国において、男女間に存在する格差を明確にし、理解し、説明するために用いられる社会科学の手法である。USAID, "What is Gender Analysis?" *ADS Chapter 205: Integrating Gender Equality and Female Empowerment in USAID's Program Cycle*, 2017.4.27, p.10. <https://www.usaid.gov/sites/default/files/documents/1870/205.pdf>

(22) Marie O'Reilly et al., *Reimagining Peacemaking: Women's Roles in Peace Processes*, New York: International Peace Institute, 2015, p.12. <https://www.ipinst.org/wp-content/uploads/2015/06/IPI-E-pub-Reimagining-Peacemaking.pdf>

(23) *ibid.*, p.2.

一方、2017年5月に連邦議会へ提出した予算において、トランプ（Donald Trump）政権が女性、平和及び安全保障に係る予算を半額以下に削減[24]したことから、法の実効性を確保するための適正な予算措置を課題として指摘する報道[25]もなされている。

（ひろせ　じゅんこ・はらだ　ひさよし）

---

(24) Congressional Budget Justification, FOREIGN ASSISTANCE, SUMMARY TABLES, Fiscal Year 2017, p.58. <https://2009-2017.state.gov/documents/organization/252735.pdf>; Congressional Budget Justification, FOREIGN ASSISTANCE, SUMMARY TABLES, Fiscal Year 2018, p.135. <https://www.state.gov/documents/organization/271014.pdf>

(25) Allison Peters, "Women, peace and security: Trump can make feminist history by signing this bill," *USA Today*, October 3, 2017. <https://www.usatoday.com/story/opinion/2017/10/03/women-vital-peace-security-and-stability-allison-peters-column/723706001/>

2017年女性、平和及び安全保障法
Women, Peace, and Security Act of 2017

国立国会図書館　調査及び立法考査局
専門調査員　海外立法情報調査室主任　廣瀬　淳子訳

【目次】
第1条　略称
第2条　認定
第3条　連邦議会の意思
第4条　政策の表明
第5条　紛争予防及び平和構築への女性の参加を促進する合衆国の戦略
第6条　紛争予防及び平和構築における女性の参加に関する研修の要件
第7条　協議及び協力
第8条　連邦議会への報告
第9条　定義

第1条　略称
この法律は、「2017年女性、平和及び安全保障法」として引用することができる。

第2条　認定
連邦議会は、次の各項目を認定する。
(1) 世界中で、紛争予防、紛争解決及び紛争後の平和構築において、女性は過少代表となっている。
(2) 紛争が影響する地域において女性は、次の分野において、顕著な成功を収めてきた。
　(A) 暴力的過激主義の緩和
　(B) テロリズム対策
　(C) 非暴力的な仲介や交渉による紛争解決
　(D) 治安サービス、平和維持の取組、機関及び意思決定プロセスの実効性促進による、社会の安定化
(3) 研究によれば、平和交渉は、女性が平和プロセスに参加すると、より成功しやすく、より永続性のある平和協定を生む結果を生じやすくなることが、指摘されている。

第3条　連邦議会の意思
次に掲げる各号は、連邦議会の意思である。
(1) 紛争予防及び紛争解決プロセスへの女性の意義ある参加は、より包括的でかつ民主的な社会の促進を助け、国や地域の長期的な安定に決定的に重要である。
(2) 女性の政治参加及びリーダーシップは、壊れやすい環境、とりわけ、民主化への移行期間においては、永続的な民主的機関の維持に、決定的に重要である。
(3) 合衆国は、紛争の予防、管理及び解決並びに紛争後の支援及び復興の取組において、女性の意義ある参加を促進する、世界的なリーダーでなければならない。

第 4 条　政策の表明

　次に掲げる外交努力やプログラムによって強化される、海外における紛争の予防、管理及び解決並びに紛争後の支援及び復興の取組のあらゆる局面において女性の意義ある参加を促進することは、合衆国の政策である。

(1) 紛争予防活動や戦略に、関係する女性の視点や利害を統合すること。

(2) パートナー国の政府が、平和及び安全保障のプロセス並びに意思決定機関への女性の意義ある参加を改善する計画を採用するよう奨励すること。

(3) 女性及び女児の、身体の安全、経済安全保障及び尊厳の向上を促進すること。

(4) 援助の分配メカニズム及びサービスに対する女性の平等なアクセスを支援すること。

(5) 紛争及び暴力の早期警戒システムを開発し及び向上させる目的で、ジェンダーに関するデータを収集し、かつ分析すること。

(6) ジェンダーの平等及び女性のエンパワーメントにおける成果を改善するために、政策及びプログラムを調整すること。

(7) 第 5 条に基づき策定される各戦略に関連する取組及び当該取組の影響を監視し、分析し及び評価すること。

第 5 条　紛争予防及び平和構築への女性の参加を促進する合衆国の戦略

(a) 要件

　本法制定日から 1 年以内に、及びその 4 年後に再び、大統領は、関係する連邦政府の省庁の長と協議の上、合衆国がどのようにして第 4 条の政策目的を達成するのかについて、詳細に記述した単一の全政府的な戦略を、「女性、平和及び安全保障戦略」として、連邦議会の関係する委員会に提出し、一般公開しなければならない。この戦略は、次の各号を満たさなければならない。

(1) 平和及び安全保障プロセス、紛争予防、平和構築、移行プロセス及び意思決定機関への女性の意義ある参加を改善するために、他国が策定した計画を、支援し及び連携するものとすること。

(2) 戦略の下で実行される全ての政策及びイニシアティブの説明責任及び実効性を確保するための、特定出来、かつ測定可能な目標、指標、成果基準、進行計画並びに監視及び評価計画を含むものとすること。

(b) 省庁のための特定の計画

　a 項に定める各戦略には、連邦政府の関係する各省庁が策定し、次の各号に掲げる内容を記載する特定の実施計画を含めなければならない。

(1) 当該省又は庁の予想される貢献、戦略を実施するための技術的、財政的、及び現物での貢献を含むもの

(2) 戦略に従って実施される政策及びイニシアティブを、確実に最大限の効果及び長期的な安定性を達成するよう策定するための、当該省又は庁の取組

(c) 連携

　大統領は、国際的なパートナーと、必要に応じて多国間組織、関係者及びその他の関係する国際的組織を含め、連携しかつ協議して、特に合衆国政府の直接の関与が適切ではない、又は推奨されない場合において、紛争予防における女性の意義ある参加を、促進しなければならない。

(d) 連邦議会の意思

　a項に基づき提出される各戦略の実施において、大統領は次に掲げることを行わなければならないことは、連邦議会の意思である。
(1) 女性の交渉者、仲裁者、平和構築者及び関係者に対して、技術的支援、研修及び後方支援を提供すること。
(2) 女性の意義ある参加に対する安全保障に関連する障壁を明らかにすること。
(3) 合衆国政府によって資金提供された既存のプログラムであって、法律の執行、法の支配、又は専門的な軍事教育について外国人に対して研修を行うものに、女性のより多くの参加を奨励すること。
(4) 適切な地方組織、特に女性の平和構築組織を支援すること。
(5) 女性の意義ある参加を支援するパートナーとしての男性及び男児の研修、教育及び動員を支援すること。
(6) 女性及び女児の経験及び観点を包摂する、移行期における正義及び説明責任メカニズムの構築を奨励すること。
(7) ジェンダー分析を、必要に応じて、プログラムの設計及び対象選択を改善するために、拡大し及び適用すること。
(8) 平和交渉、移行期における正義及び説明責任、暴力的過激主義に対抗する取組、又は治安部門の改革を支援する新たなイニシアティブに関しては、女性の観点を含む評価を実施すること。

第6条　紛争予防及び平和構築における女性の参加に関する研修の要件

(a) 外交官

　国務長官は、合衆国国際開発庁長官と連携して、暴力紛争のリスクがあるか、ただ中にあるか、又は脱しつつある国又は地域に対して責任のある、又は配置される全ての該当する要員（特使、仲介担当者又は交渉チーム、公務員又は外交官の関係する担当者、及び契約者を含む者）が、必要に応じて、女性に焦点を当て、女性の意義ある参加を確実にすることを含む次の分野の研修を受けられるように確実にしなければならない。
(1) 紛争予防、仲裁及び解決
(2) 暴力、搾取及び人身売買から文民を守ること。
(3) 国際人権法及び国際人道法

(b) 国防省

　国防長官は、関係する要員が、必要に応じて次の分野の研修を受けられるように確実にしなければならない。
(1) 紛争予防、平和プロセス、仲裁、解決及び安全保障イニシアティブで、女性の意義ある参加の重要性に特に取り組むもの
(2) ジェンダーへの配慮及び女性の意義ある参加であって、次に関する研修を含むもの
　(A) 国際人権法及び国際人道法で、関係するもの
　(B) 暴力、搾取及び人身売買から文民を守ること。
(3) 女性の意義ある参加を確実にするために有効な戦略及び最善の実践

第7条　協議及び協力

(a) 総則

国務長官及び合衆国国際開発庁長官は、国務省又は合衆国国際開発庁の海外にいる合衆国の要員が、事情に応じて、適切な関係者で、地域の女性、若者、少数民族及び宗教的少数者並びにその他特に政治的な過少代表又は軽んじられた人々等と、次に掲げる各号に関する合衆国の取組について、協議することを確実に実施するため、ガイドラインの策定又は他の手段を講じることができる。

(1) 暴力的紛争の予防、仲裁又は解決
(2) 女性の意義ある参加を確実にすることにより、仲介及び協議のプロセスが成功する可能性を高めること。

(b) 協力及び連携

　　国務長官は、国際的な平和維持活動において、女性の意義ある参加を増やすために、国際的組織、地域的組織、国及び地方の組織と協力しなければならず、また、国際平和協力要員に対して、紛争予防及び平和構築における効果的な身体の安全及び女性の意義ある参加を確保するために必要な実質的な知識及び技術を提供する研修を促進しなければならない。

第8条　連邦議会への報告

(a) 口頭報告

　　第5条に基づき提出を求められた戦略の最初の提出日から1年以内に、国務長官は、合衆国国際開発庁長官及び国防長官と共同で、第6条に基づき実施された、既存の研修、改善された研修又は新たに設けられた研修について、連邦議会の適切な委員会において、口頭で報告しなければならない。

(b) 女性、平和及び安全保障戦略に関する報告

　　第5条に基づき提出が求められた各戦略の提出日から2年以内に、大統領は、連邦議会の適切な委員会に、次に掲げる内容の報告書を提出しなければならない。

(1) 当該戦略の実施、女性の意義ある参加を促進する合衆国の外交努力並びに外国援助プログラム、プロジェクト及び活動の影響についての要約及び評価
(2) 当該戦略の実施に関する、関係する連邦政府の省庁の間での連携の実態及び範囲の説明
(3) 第4条に規定された政策目的に基づいて達成された進捗を評価するための監視及び評価の手段、メカニズム及び共通の指標の概略
(4) 第6条に基づき実施された、既存の研修、改善された研修又は新たに設けられた研修に関する説明

第9条　定義

　　本法において、

(1) 連邦議会の適切な委員会

　　「連邦議会の適切な委員会」とは、次の委員会をいう。

　(A) 上院の外交委員会、軍事委員会及び歳出委員会
　(B) 下院の外交委員会、軍事委員会及び歳出委員会

(2) 連邦政府の関係する省庁

　　「連邦政府の関係する省庁」とは、次の省庁をいう。

　(A) 合衆国国際開発庁
　(B) 国務省
　(C) 国防省

(D) 国土安全保障省
　(E) この法律の目的のために大統領が特に定めるその他の省又は庁
(3) 関係者
　「関係者」とは、非政府及び民間の組織であって、紛争予防及び安定化、平和構築、保護、安全保障、移行イニシアティブ、人道対応又は関連する取組に関与しているもの又は影響を受けるものをいう。

（ひろせ　じゅんこ）

ドイツにおける財政調整制度の改革
―州間財政調整の縮小と連邦交付金の拡大―

国立国会図書館　調査及び立法考査局
調査企画課　渡辺　富久子

目　次

はじめに
Ⅰ　財政調整制度の法的枠組みとその変遷
Ⅱ　財政調整制度の概要
　1　租税に関する権限の連邦と州との間の配分
　2　2019 年までの財政調整制度の仕組み
Ⅲ　2017 年の基本法改正による制度改革
　1　基本法改正法等の背景と制定経緯
　2　財政調整制度の改革（2020 年施行）の概要
　3　連邦の新たな権限と基本法の他の改正
おわりに
翻訳：ドイツ連邦共和国基本法（抄）
　　　―2017 年 7 月 13 日の改正法により改正された条文を中心に―

キーワード：ドイツ、財政調整、連邦制、税収配分、交付金、売上税

> **要 旨**
>
> 　ドイツの財政調整制度においては、1990 年の東西ドイツ統一後、旧東ドイツ諸州のために特別な交付金が交付されている。この制度は旧東ドイツ地域の経済的な復興に要する期間を 30 年と見込んでおり、2020 年以降、新しい財政調整制度を施行することが予定されていた。
>
> 　2017 年に、制度改革のための基本法（憲法）及び関係法律の改正が行われた。新しい制度では、州間の財政調整の規模が縮小し、連邦から州への交付金が増える。連邦の負担は今後増えるが、その一方で、連邦は、連邦高速道路の管理や、教育インフラ投資に対する財政支援等の新たな権限も得た。
>
> 　本稿では、財政調整制度の改革のための基本法及び関係法律の改正の概要を紹介し、基本法の財政調整に関する規定を訳出する。

はじめに

　ドイツは、16 の州により構成される連邦制国家である。連邦と州は、それぞれ独立した統治機構を有する一方、ドイツの連邦制においては、連邦と州の間での、また、各州相互の連帯・協力が重視されている。連邦と州の協力は、立法、法律の執行、税収配分などの各局面で行われており、このような協調的連邦主義は、各州の生活条件の均一性を保障しなければならないというドイツ連邦共和国基本法（憲法に相当。以下「基本法」という。）の要請（基本法第 72 条第 2 項、第 106 条第 3 項。以下、単に条番号を掲げる場合には、基本法の条項を指す。）に従うものでもある。

　協調的連邦主義を代表する制度の一つが、財政調整制度である。財政調整は、連邦と州が各々の任務の遂行のために必要な資金を得ることができるように、各州の財政力（Finanzkraft）を調整して、財政力の弱い州の税収を補填するための制度である。特に、1990 年の東西ドイツ統一時点で旧東西ドイツ間の経済格差が非常に大きかったため、連邦から、旧東ドイツ諸州[1]の低税収を補うための交付金が、現在に至るまで毎年交付されている。統一後 30 年が経過すれば東西間の経済格差は縮小し、そのような交付金の必要性は小さくなるであろうとの見通しから、この交付金は、2019 年末までの時限的措置として旧東ドイツ諸州に対して交付されてきた。

　そのため、2020 年以降については新たな財政調整制度の構築が必要であった。どのような制度が望ましいかについては 2000 年代から検討が重ねられていたが、2016 年にようやく連邦政府と州政府との間で合意を見た[2]。2017 年に新たな制度に向けての立法措置がとられ、基本法等における財政調整制度に関する規定が改正された[3]。

＊　本稿におけるインターネット情報は、2018 年 9 月 24 日現在である。
(1) 　ベルリン州、ブランデンブルク州、メクレンブルク・フォアポメルン州、ザクセン州、ザクセン・アンハルト州、テューリンゲン州の 6 州である。
(2) 　中村良広「ドイツ連邦財政調整改革論の現段階」『熊本学園大学経済論集』23 巻 1-4 号, 2017.3, pp.465-485.

今回の改革により州間の財政調整の規模が小さくなり、連邦から州への交付金が拡大することとなった。その結果、州の連邦に対する依存度が高くなるため、今回の改革は連邦制の在り方に大きな影響を与えるものと見られている[4]。

　以下、第Ⅰ章では財政調整制度の法的枠組みとその変遷について、第Ⅱ章では財政調整制度について、第Ⅲ章では2017年の基本法改正による制度改革（2020年1月1日施行）について、その概要を紹介する。あわせて、基本法の財政調整制度に関する規定を訳出する。

Ⅰ　財政調整制度の法的枠組みとその変遷

　財政調整制度は、連邦と州の税収を一定の規則に基づき再配分し、各州の財政力の格差を小さくすることを目的とする。その制度に関しては、基本法で大枠が定められ、実施法として基準法（2001年制定）[5]及び財政調整法（2001年制定）[6]がある。制度の変遷の概略は、次のとおりである。

　1949年に制定された基本法の下では、租税は、連邦税（日本の消費税に相当する「売上税（Umsatzsteuer）」等）と、州税（所得税[7]、法人税、相続税等）とに分かれ、連邦と州各々が独立した財政運営を行うという建前であった。そのため、現在のような財政調整制度はまだなかったが、実質的に州間の財政調整を可能とする仕組みが基本法で定められていた[8]。すなわち、連邦は、特に学校制度、保健制度及び福祉制度の分野で州に交付する補助金（Zuschüsse）に充てるために、他に財源がない場合には、州税である所得税及び法人税の一部を使用することができ（旧第106条第3項）、財政力の弱い州の活動能力を確保し、州間の財政上の格差を是正するために州税の一部を使用して補助金を交付することができた（旧同条第4項）。実際、1950年以降、この仕組みを通じた「州間財政調整」が行われていた[9]。

　1955年の基本法の改正[10]では、実態を踏まえ、所得税と法人税は連邦と州に1対2の割合で

---

(3)　次の2つの法律による。基本法改正法（Gesetz zur Änderung des Grundgesetzes (Artikel 90, 91c, 104b, 104c, 107, 108, 109a, 114, 125c, 143d, 143e, 143f, 143g) vom 13. Juli 2017 (BGBl. I S. 2347). 2017年7月20日施行）及び2020年以降の財政調整制度に関する規定を定める法律（Gesetz zur Neuregelung des bundesstaatlichen Finanzausgleichssystems ab dem Jahr 2020 und zur Änderung haushaltsrechtlicher Vorschriften vom 14. August 2017 (BGBl. I S. 3122). 一部を除き2017年8月17日施行）

(4)　André W. Heinemann, „Dauerhafter vertikaler Finanzstreit zwischen Bund und Ländern", *Wirtschaftsdienst*, 97(3), 2017.3, S. 211.

(5)　Gesetz über verfassungskonkretisierende allgemeine Maßstäbe für die Verteilung des Umsatzsteueraufkommens, für den Finanzausgleich unter den Ländern sowie für die Gewährung von Bundesergänzungszuweisungen (Maßstäbegesetz) vom 9. September 2001 (BGBl. I S. 2302). 2001年9月13日施行。

(6)　Gesetz über den Finanzausgleich zwischen Bund und Ländern (Finanzausgleichsgesetz) vom 20. Dezember 2001 (BGBl. I S. 3955, 3956). 2005年1月1日施行。

(7)　ドイツの所得税は、狭義には自営業者や農業従事者等の所得に課される税をいうが、財政調整制度における「所得税」には、被用者の賃金に課される賃金税と、株式等の譲渡益や配当、利子等に課される資本収益税も含まれる。Bundesministerium der Finanzen, *Bund/Länder-Finanzbeziehungen auf der Grundlage der Finanzverfassung*, 2017, S. 16. <https://www.bundesfinanzministerium.de/Content/DE/Downloads/Broschueren_Bestellservice/2017-11-09-bund-laender-finanzbeziehungen.pdf;jsessionid=C016189828F37603D822076653BF6FF7?__blob=publicationFile&v=4>

(8)　Wolfgang Renzsch, „1919-1969-2019? Zu den „langen Linien" der bundesstaatlichen Finanzbeziehungen in Deutschland", René Geißler et al. (Hrsg.), *Das Teilen beherrschen: Analysen zur Reform des Finanzausgleichs 2019*, Baden-Baden: Nomos, 2015, S. 57; ヴォルフガング・レンチュ（伊東弘文訳）「ドイツ連邦共和国における財政基本規範と財政調整」『地方財政』36巻5号, 1997.5, pp.179-182.

(9)　Deutscher Bundestag, *Drucksache* II/480, S. 28ff; Wolfgang Renzsch, „Länderfinanzausgleich". Historisches Lexikon Bayerns website <https://www.historisches-lexikon-bayerns.de/Lexikon/L%C3%A4nderfinanzausgleich>

(10)　Gesetz zur Änderung und Ergänzung der Finanzverfassung (Finanzverfassungsgesetz) vom 23. Dezember 1955 (BGBl. I S. 817). 1955年4月1日遡及施行。

配分される共同税（Gemeinschaftsteuer）とされ、州間財政調整が義務的なものとなった。これを受け同年に、基本法で規定された州間財政調整の実施について定める州間財政調整法[11]が制定された。その後、1969年の基本法改正（1970年施行）[12]により、売上税も共同税となり、売上税の一部が州間の財政調整に使われるようになったほか、所得税と法人税が連邦と州に同額ずつ配分されるようになった。同時に、州間財政調整法が廃止され、新たな財政調整制度を実施するための財政調整法（1969年制定）[13]が制定された。このようにして、現行の財政調整制度の枠組みができた。以後、制度の大枠はそのままで、微細な修正を重ねている。財政調整制度に関する基本法の規定の主要な改正については、解説末尾の別表1のとおりである。

1990年の東西ドイツ統一後は、旧東ドイツの経済状況を考慮して、基本法の財政調整に関する規定の一部は、1994年末まで旧東ドイツ諸州には適用されなかった[14]。すなわち、統一当初は、旧東ドイツ諸州をも組み込んだドイツ全体での州間財政調整は行われず、旧東ドイツ諸州は、1990～1994年まで設けられていた「ドイツ統一」基金[15]から資金を受領していた。

旧東ドイツ諸州は、1995年以降、州間財政調整制度に完全に組み込まれたが、東西間の経済力の格差が大きすぎたため、この制度の枠組みの中で1993年に制定された「連帯協定I（1995-2004）」[16]及び2001年に制定された「連帯協定II（2005-2019）」[17]によって、現在に至るまで、その弱体な経済構造に配慮がなされている。

連帯協定Iでは、連邦は旧東ドイツ諸州に対して、使途を拘束しない「特別需要連邦補充交付金」と呼ばれる交付金を交付すること、インフラ整備のための財政支援金を支給すること等が定められた[18]。連帯協定IIの下でも、引き続き、特別需要連邦補充交付金が交付されている[19]。2005～2019年の間に交付される交付金の総額は、1050億ユーロ[20]に上る。その結果、2019年までには、東西ドイツ分断に起因する旧東ドイツ諸州の極端なインフラ整備の遅滞はほぼ解消されるとの見込みを立て[21]、連帯協定IIは2019年末をもって失効し、2020年から新財

---

(11) Länderfinanzausgleichsgesetz vom 27. April 1955 (BGBl. I S. 199). 1955年5月4日施行。
(12) Einundzwanzigstes Gesetz zur Änderung des Grundgesetzes (Finanzreformgesetz) vom 12. Mai 1969 (BGBl. I S. 359). 1970年1月1日施行。
(13) Gesetz über den Finanzausgleich zwischen Bund und Ländern vom 28. August 1969 (BGBl. I S. 1432). 1970年1月1日施行。
(14) 統一条約第7条の規定による。Einigungsvertrag vom 31. August 1990 (BGBl. 1990 II S. 889).
(15) 「ドイツ統一」基金（Fonds „Deutsche Einheit"）は、連邦の基金で、当初の1150億ドイツ・マルクのうち200億ドイツ・マルクは連邦がその予算から捻出し、950億ドイツ・マルクは連邦の借入れによった。借入れに際する負担は、連邦と州が折半した。„Verständigung auf Fonds „Deutsche Einheit"", 16. Mai 1990. Bundesregierung website <https://www.bundesregierung.de/Content/DE/Artikel/2014_Deutsche_Einheit/1990-05-16-verstaendigung-auf-fonds-deutsche-einheit.html>
(16) 法律の正式名称は、Gesetz über Maßnahmen zur Bewältigung der finanziellen Erblasten im Zusammenhang mit der Herstellung der Einheit Deutschlands, zur langfristigen Sicherung des Aufbaus in den neuen Ländern, zur Neuordnung des bundesstaatlichen Finanzausgleichs und zur Entlastung der öffentlichen Haushalte (Gesetz zur Umsetzung des Föderalen Konsolidierungsprogramms) vom 23. Juni 1993 (BGBl. I S. 944). 一部を除き、1993年6月27日施行。
(17) 法律の正式名称は、Gesetz zur Fortführung des Solidarpaktes, zur Neuordnung des bundesstaatlichen Finanzausgleichs und zur Abwicklung des Fonds „Deutsche Einheit" (Solidarpaktfortführungsgesetz) vom 20. Dezember 2001 (BGBl. I S. 3955). 一部を除き、2005年1月1日施行。
(18) „Solidarpakt I von 1995 bis 2004". Der Beauftragte der Bundesregierung für die neuen Bundesländer website <https://www.beauftragter-neue-laender.de/BNL/Navigation/DE/Themen/Bundesstaatliche_Solidaritaet/Bund_Laender_Finanzausgleich_und_Aufbau_Ost/Solidarpakt_I/solidarpakt_I.html>
(19) „Solidarpakt II von 2015 bis 2019". ibid. <https://www.beauftragter-neue-laender.de/BNL/Navigation/DE/Themen/Bundesstaatliche_Solidaritaet/Bund_Laender_Finanzausgleich_und_Aufbau_Ost/Solidarpakt_II/solidarpakt_II.html>
(20) 1ユーロは約131円（平成30年11月分報告省令レート）。
(21) Bundesministerium der Finanzen, Der bundesstaatliche Finanzausgleich, S. 5. <https://www.bundesfinanzministerium.de/Content/DE/Standardartikel/Themen/Oeffentliche_Finanzen/Foederale_Finanzbeziehungen/Laenderfinanzausgleich/DEr-Bundestaatliche-FAG.pdf?__blob=publicationFile&v=4>

政調整制度を施行することが規定された。

　他方、連邦憲法裁判所は、1999年の判決（BVerfGE 101, 158）[22]において、基本法が定める財政調整の各手続における基準が財政調整法で十分明確に規定されていないことを問題とし、このような基準を具体化する「基準法」を定めることを立法者に義務付けた。さらに、当該基準に基づいて、税収配分や財政調整のための具体的な手続を財政調整法に定める改正を行うよう、立法者に命じた[23]。この判決を受け、2001年に基準法[24]が制定され、従前の財政調整法（1993年制定）を廃止した上で新規の財政調整法（2001年制定）[25]が制定されたが、両法とも、「連帯協定II」と同様に、2019年末をもって失効することが定められた。

　今回の財政調整制度の改革は、連邦と州の錯綜した権限の切り分けを図る2006年の第1次連邦制改革[26]、連邦と州の起債を制限して均衡予算の実現を図る2009年の第2次連邦制改革[27]に続く連邦制改革と見ることができる[28]。

II　財政調整制度の概要

　本章では、最初に財政調整制度の前提となる租税に関する権限の連邦と州との間の配分について述べた後、2019年までの財政調整制度の仕組みを紹介する。

1　租税に関する権限の連邦と州との間の配分

　基本法において、財政調整制度は、「第10章　財政制度」（第104a条〜第115条）の前半（第104a条〜第108条）の租税に関する規定の中で定められている[29]。

　基本法においては、租税に関して、①立法権、②徴税権（以下「税務行政権」[30]という。）、③税収を得る権利（以下「租税収益権」という。）の3つの権限が定められており、これらの権限は、連邦と州との間で次のように配分される（詳細については表1を参照）。

---

[22] バーデン・ヴュルテンベルク州とバイエルン州、ヘッセン州は、例年、財政調整において財政力の弱い州のために多額の供出をしている。これに不満を持ち、上記3州は、財政調整法の規定が基本法に適合しているか否かの審査を連邦憲法裁判所に対して申し立てていた。Fritz Söllner, „Der Länderfinanzausgleich nach dem Urteil des Bundesverfassungsgerichts", *Wirtschaftsdienst*, 80(10), 2000.10, S. 611ff.
[23] Deutscher Bundestag, *Drucksache* 14/7063, S. 1.
[24] 前掲注(5)
[25] 前掲注(6)　1969年に制定された財政調整法（前掲注(13)）は、その後、連帯協定I（前掲注(16)）によって廃止され、新規の財政調整法が制定されていた。Gesetz über den Finanzausgleich zwischen Bund und Ländern vom 23. Juni 1993 (BGBl. I S. 944, 977). 1995年1月1日施行。
[26] Gesetz zur Änderung des Grundgesetzes (Artikel 22, 23, 33, 52, 72, 73, 74, 74a, 75, 84, 85, 87c, 91a, 91b, 93, 98, 104a, 104b, 105, 107, 109, 125a, 125b, 125c, 143c) vom 28. August 2006 (BGBl. I S. 2034).
[27] Gesetz zur Änderung des Grundgesetzes (Artikel 91c, 91d, 104b, 109, 109a, 115, 143d) vom 29. Juli 2009 (BGBl. I S. 2248). 詳細は、山口和人「ドイツの第二次連邦制改革（連邦と州の財政関係）(1)―基本法の改正」『外国の立法』No.243, 2010.3, pp.3-18. <http://dl.ndl.go.jp/view/download/digidepo_1166438_po_024301.pdf?contentNo=1>; 渡辺富久子「ドイツにおける財政規律強化のための基本法の規定」『外国の立法』No.263, 2015.3, p.81. <http://dl.ndl.go.jp/view/download/digidepo_9111090_po_02630007.pdf?contentNo=1> を参照。
[28] 渡辺富久子「ドイツ―連邦制改革をめぐって―」国立国会図書館調査及び立法考査局『21世紀の地方分権―道州制論議に向けて―』（調査資料 2013-3）2014.3, pp.114-117. <http://dl.ndl.go.jp/view/download/digidepo_8434105_po_20130312.pdf?contentNo=1>
[29] 基本法第10章の後半は、予算制度に関する規定である。
[30] Bundesministerium der Finanzen, *Die Steuerverwaltung in Deutschland*, 2018, S. 5.

表1　租税に関する権限の配分

税目	立法権	税務行政権	租税収益権
アルコール税（Alkoholsteuer）	連邦	連邦	連邦
ビール税（Biersteuer）	連邦	連邦	州
輸入売上税（Einfuhrumsatzsteuer）	連邦	連邦	連邦・州（市町村分を含む）
所得税（Einkommensteuer）	連邦	州	連邦・州（市町村分を含む）
エネルギー税（Energiesteuer）	連邦	連邦	連邦
相続税・贈与税（Erbschaft- / Schenkungsteuer）	連邦	州	州
消防税（Feuerschutzsteuer）	連邦	連邦	州
飲料税（Getränkesteuer）	連邦	市町村	市町村
営業税（Gewerbesteuer）	連邦	州・市町村	市町村（連邦・州の分を含む）
不動産取得税（Grunderwerbsteuer）	連邦	州	州
不動産税（Grundsteuer）	連邦	州・市町村	市町村
犬税（Hundesteuer）	州	市町村	市町村
狩猟税・漁業税（Jadg- und Fischereisteuer）	州	郡・市町村	郡・市町村
コーヒー税（Kaffeesteuer）	連邦	連邦	連邦
資本収益税（Kapitalertragsteuer）	連邦	州	連邦・州（市町村分を含む）
教会税（Kirchensteuer）	州	州・教会	教会
法人税（Körperschaftsteuer）	連邦	州	連邦・州
自動車税（Kraftfahrzeugsteuer）	連邦	連邦	連邦
賃金税（Lohnsteuer）	連邦	州	連邦・州（市町村分を含む）
航空税（Luftverkehrsteuer）	連邦	連邦	連邦
競馬税・宝くじ税（Rennwett- und Lotteriesteuer）	連邦	州	州
飲酒店免許税（Schankerlaubnissteuer）	州	郡・市町村	郡・市町村
カジノ税（Spielbankabgabe）	連邦・州	州	州
電力税（Stromsteuer）	連邦	連邦	連邦
たばこ税（Tabaksteuer）	連邦	連邦	連邦
売上税（Umsatzsteuer）	連邦	州	連邦・州（市町村分を含む）
保険税（Versicherungsteuer）	連邦	連邦	連邦
別荘税（Zweitwohnungsteuer）	州	市町村	市町村

（注）主要な税のみを取り上げた。アルファベット順の並びである。
（出典）Bundesministerium der Finanzen, *Steuern von A bis Z*, 2018, S. 28f を基に筆者作成。

①立法権（第105条）

　ほとんどの税目に関する立法権は、連邦が有し、州は、地域限定的な消費税（Verbrauchsteuer）・奢侈税に関して、及び不動産取得税の税率に関してのみ、立法することができる。消費税とは、個別の財、特に常習性のある嗜好品の消費に課される税の総称であり、地域限定的な消費税として飲料税や包装税等がある。奢侈税は、一般的な生活需要の充足を超えた贅沢と認められる支出であって、財の消費ではないものに課される税であり、地域限定的な奢侈税として犬税や狩猟税等がある。これらの地域限定的な消費税・奢侈税からの税収は、市町村の収入となる[31]。不動産取得税の税率に関する立法権は、2006年の第1次連邦制改革において連邦から州に立法権が委譲されたものである[32]。

---

(31) Heinrich Amadeus Wolff et al., *Grundgesetz für die Bundesrepublik Deutschland: Handkommentar*, 12. Auflage, Baden-Baden: Nomos, 2018, S. 817ff. 奢侈税については、Ingo von Münch, Grundgesetz: Kommentar, Band 2, 6. neubearbeitete Auflage, München: C.H.Beck, 2012, S.1076 を参照。
(32) 2006年の第1次連邦制改革前は、不動産取得税の税率は連邦全体で一律3.5%であったが、現在ではバイエルン州とザクセン州のみがこの税率に据え置いており、他の州は税率を引き上げた。Jens Boysen-Hogrefe, „Grunderwerbsteuer im Länderfinanzausgleich: Umverteilung der Zusatzlast der Besteuerung", *Wirtschaftsdienst*, 97(5), 2017.5, S. 354ff.

② 税務行政権（第108条）

連邦の税務官庁は、関税、全国的な消費税（たばこ税やコーヒー税等）、自動車税等について税務行政権を有する。その他の税については、州の税務官庁が税務行政権を有する。

③ 租税収益権（第106条）

租税は、その税収の帰属により、a. 連邦税、b. 州税、c. 連邦と州の双方に帰属する共同税に分類される。所得税（賃金税と資本収益税を含む。）、法人税及び売上税（輸入売上税を含む。）はいずれも共同税である。これら共同税からの税収が、連邦及び州の税収の約8割を占める[33]。一部の共同税は、連邦及び州のほか、市町村の収入ともなる。

2　2019年までの財政調整制度の仕組み

財政調整の目的は、連邦と州の各々がその任務の遂行のために必要な資金を備えること（第104a条第1項）、各州の生活条件の均一性を保障すること（第106条第3項）である。連邦、州及び市町村の代表的な任務は、表2のとおりである。

表2　連邦、州及び市町村の代表的な任務

連邦	外交、防衛、社会保障制度、広域的な経済振興、交通制度、通貨
州	教育、学術・研究、文化、警察、地域公共交通、地域的な経済振興
市町村	下水、廃棄物処理、都市計画、児童・青少年支援、保育、博物館・スポーツ施設・劇場、学校、道路清掃

（出典）Bundesministerium der Finanzen, „Auf den Punkt", August 2017, S. 2. <http://www.bundesfinanzministerium.de/Content/DE/Downloads/Broschueren_Bestellservice/2017-08-26-auf-den-punkt-bund-laender-finanzen.pdf?__blob=publicationFile&v=16> を基に筆者作成。

財政調整制度においては、最初に税収を配分し、次いで、その結果生じている財政力格差が調整される。純粋な「財政調整」は後者の財政力格差の調整であるが、財政調整制度については、垂直的税収配分、水平的税収配分、「狭義の」州間財政調整、連邦補充交付金の順に4段階で行われるとされ、税収配分も含めて説明されることが多い。なお、「垂直的」とは連邦と州との間の関係をいい、「水平的」とは州間の関係をいう。以下に、この4段階の概要を紹介する。

（1）垂直的税収配分（第106条）

第1段階として、税収は、連邦と州の間で配分される。たばこ税、電力税、保険税等は、連邦税として連邦の収入となり、相続税、ビール税、カジノ税等は、州税として州の収入となる。共同税は、表3に示す割合で、連邦と州、市町村に配分される。

ほかに、市町村税として営業税（法人税に相当する地方税）や不動産税等があり、営業税からの収入の一部（約14%）は、連邦及び州に割り当てられる[34]。なお、2016年のドイツ全体の税収総額（約7057億ユーロ）の最終的な帰属割合は、連邦に40.9%、州に40.9%、市町村に

---

[33] „Die Steuereinnahmen des Bundes und der Länder im Haushaltsjahr 2017". Bundesministerium der Finanzen website <http://www.bundesfinanzministerium.de/Monatsberichte/2018/01/Inhalte/Kapitel-3-Analysen/3-6-Steuereinnahmen-des-Bundes-und-der-Laender-in-2017.html> を参照。

[34] „Gemeinschaftsteuern". Bundeszentrale für politische Bildung website <http://www.bpb.de/nachschlagen/lexika/lexikon-der-wirtschaft/19471/gemeinschaftsteuern>

14.0%であった[35]。

表3 共同税の配分割合と配分の根拠規定

税目	配分割合	配分の根拠規定
法人税	連邦50%、州50%	基本法第106条第3項
所得税・賃金税	連邦42.5%、州42.5%、市町村15%	基本法第106条第3項 市町村に入る割合は、市町村財政改革法（注2）
資本収益税	連邦44%、州44%、市町村12%	同上
売上税	連邦50.6%、州46.7%、市町村2.7%（注1）	財政調整法（注3）第1条

（注1）この表に掲げる売上税の配分割合は、2017年のものである。売上税の配分割合は、その時々の事情に応じた財政調整法の改正により柔軟に変更できるようになっており、ほぼ毎年、配分割合の若干の変更がある。他の税の連邦と州との間の配分割合は基本法で定められているため、基本法の改正がない限り、毎年同じ割合である。
（注2）Gemeindefinanzreformgesetz in der Fassung der Bekanntmachung vom 10. März 2009 (BGBl. I S. 502).
（注3）Gesetz über den Finanzausgleich zwischen Bund und Ländern (Finanzausgleichsgesetz) vom 20. Dezember 2001 (BGBl. I S. 3955, 3956).
（出典）Bundesministerium der Finanzen, *Bund/Länder-Finanzbeziehungen auf der Grundlage der Finanzverfassung*, 2017, S. 16f. <https://www.bundesfinanzministerium.de/Content/DE/Downloads/Broschueren_Bestellservice/2017-11-09-bund-laender-finanzbeziehungen.pdf;jsessionid=C016189828F37603D822076653BF6FF7?__blob=publicationFile&v=4> を基に筆者作成。

（2）水平的税収配分（第107条第1項）

　第2段階として、州に帰属する税（州税、共同税の州帰属分）が16州に配分される。これらは、原則として、「納付地収入の原則」により、納付された州に帰属する。

　共同税である賃金税、法人税及び売上税は、納付地収入の原則の例外として、次のように配分される。賃金税は、事業者が所在する州に一旦納付されるが、最終的には被用者が居住する州に帰属する[36]。法人税は、複数の州に事業所を有する法人の場合、本社が所在する州に一旦納付されるが、最終的には、各事業所が被用者に支払った賃金額に応じて当該事業所が所在する州に帰属する[37]。

　売上税の州帰属分は、次のように各州に配分される[38]。

　まず、州全体に帰属する売上税の4分の1を上限とする額が、人口1人当たりの税収[39]が16州の平均を下回る州に対して、その程度に応じて配分される[40]（Umsatzsteuervorwegausgleich. 以下「売上税による事前調整」という。）。すなわち、人口1人当たりの税収が州平均の97%未満である州の場合には、州平均との差額の95%が補填され、州平均の97%以上100%未満である州の場合には、州平均との差額の60%が補填される。例えば、人口1人当たりの税収が州平均の60%である州の場合には、州平均との差額分である40%×0.95＝38%分を補填されるの

---

[35] Bundesministerium der Finanzen, *Finanzbericht 2018*, 2017, S. 76.
[36] Reinhold Weiß und Werner Münzenmaier, „Auswirkungen einer Lohnsteuerzerlegung nach Arbeitsort im Länderfinanzausgleich", *Wirtschaftsdienst*, 94(10), 2014.10, S. 733.
[37] 賃金税と法人税の帰属については、税収再配分法において定められている。Zerlegungsgesetz vom 6. August 1998 (BGBl. I S. 1998).
[38] 売上税収のうち市町村の取り分は、各市町村の営業税収並びに被用者の数及び賃金総額に基づいて各州に配分された後、同じ基準に基づいて各市町村に配分される（市町村財政改革法（Gemeindefinanzreformgesetz in der Fassung der Bekanntmachung vom 10. März 2009 (BGBl. I S. 502)）第5a条）。
[39] ここでいう税収は、所得税及び法人税の州帰属分、市町村税である営業税の州割当分並びに州税である（財政調整法第2条第1項）。
[40] Tobias Hentze, *Die Abschaffung des Länderfinanzausgleichs: Was der neue Finanzausgleich für Bund und Länder bedeutet*, Institut der deutschen Wirtschaft Köln, 2017, S. 5. <http://docs.dpaq.de/12756-iw_policy_paper_16_2017_laenderfinanzausgleich__1_.pdf>

で、この段階で、人口1人当たりの税収は州平均の98（60＋38）％となる。

次に、残額が人口比に応じて各州に配分される（以下「売上税の最終的な配分」という。）[41]。

(3)「狭義の」州間財政調整（改正前第107条第2項第1文及び第2文）

第3段階として、税収配分後の州間の財政力格差を更に小さくするために、「狭義の」州間財政調整が行われる[42]。ここでは、各州の財政力と財政需要を比較し、財政力が財政需要を上回る州から、財政力が財政需要を下回る州に対して、財政調整金が支払われる。ただし、各州の財政需要に占める財政力の割合（財政力／財政需要）による順位が変わらないように行う[43]。

ここでいう「財政力」とは、州の税収[44]に、当該州内の市町村の税収の64％を加えた額である。ただし、ある州の人口1人当たりの税収の前年比伸び率が16州平均の伸び率を上回る場合には、平均を超えて増えた税収の12％を税収として計上しなくてよい[45]。これは、税収を増やすインセンティブを考慮した規定である。

また、「財政需要」とは、16州平均の1人当たりの財政力に、当該州の人口を乗じた額である。これは、人口1人当たりの財政需要が全ての州において同じであるとの仮定に基づいている。以上は原則であり、次の2つの例外がある。①16州のうち、1つの大都市のみで州として扱われる3つの都市州（Stadtstaat. ベルリン州、ブレーメン州、ハンブルク州）については、隣接する州の住民に対してもサービスを提供している等の特殊事情を考慮し[46]、人口に135％の係数を掛けて財政需要を算出する。②旧東ドイツの3州（ブランデンブルク州、メクレンブルク・フォアポメルン州、テューリンゲン州）については、人口密度が低く、他の州よりも行政費用を要するとして、人口に102～105％の係数を掛けて財政需要を算出する[47]。

州間財政調整は、財政需要に占める財政力の割合（財政力／財政需要）に応じて、次のように行われる。同割合が80％未満である州は、財政需要と財政力の差額（財政需要－財政力）の75％が補填される。同割合が80～93％の場合には、その差額の70～75％が、同割合が93％以上100％未満の場合には、その差額の44～70％が補填される。他方、同割合が120％を超える州は、その差額（財政力－財政需要）の75％を供出し、同割合が107～120％の場合には、その差額の70～75％を、同割合が100％超～107％の場合には、その差額の44～70％を供出する。（表4を参照）

---

[41] 人口1人当たりの税収が16州の平均を下回る州が売上税による事前調整において配分を得たとしても、当該人口1人当たりの税収が16州の平均を大きく下回らない場合には、売上税の最終的な配分後（＝売上税による事前調整を含む売上税の水平的税収配分後）、売上税全体を人口比により配分する場合と比べて、減収となることがある。これらの州については、後続の「狭義の」州間財政調整において、その分、財政力が補填される。Thomas Schäfer, „Der horizontale Verteilungsstreit aus der Sicht eines Geberlandes", Tilmann Schweisfurth und Wolfgang Voß (Hrg.), *Haushalts- und Finanzwirtschaft der Länder in der Bundesrepublik Deutschland*, Berliner Wissenschafts-Verlag, 2017, S. 280ff.

[42] これに対し、「広義の」州間財政調整とは、「売上税による事前調整」、「狭義の」州間財政調整、一般連邦補充交付金（後述）を合計したものをいう。„Ergebnisse des Länderfinanzausgleichs 2014", 24. März 2015. Bundesministerium der Finanzen website <https://www.bundesfinanzministerium.de/Content/DE/Monatsberichte/2015/03/Inhalte/Kapitel-3-Analysen/3-2-laenderfinanzausgleich-2014.html>

[43] 基準法第9条

[44] ここでいう税収は、所得税及び法人税の州帰属分、市町村税である営業税の州割当分、州税並びに採掘税である（財政調整法第7条第1項及び第2項）。

[45] 財政調整法第7条第3項

[46] Wolfgang Kitterer, *Finanzausgleich im vereinten Deutschland: Neugestaltung der Finanzbeziehungen zur Stärkung des Föderalismus unter besonderer Berücksichtigung des Landes Bremen*, Heidelberg: R.v. Decker's Verlag, G. Schenck, 1994. S. 4f.

[47] Deutscher Bundestag, *Drucksache* 14/7063, S. 17.

表4　「狭義の」州間財政調整における財政力格差の調整

財政力	財政力／財政需要	補填額（＋）又は供出額（－） （（財政需要－財政力）に対する割合）
弱 ↑ ↓ 強	80％未満	＋75％
	80～93％	＋70～75％
	93％以上100％未満	＋44～70％
	100％超～107％	－44～70％
	107～120％	－70～75％
	120％超	－75％

（出典）財政調整法（Gesetz über den Finanzausgleich zwischen Bund und Ländern (Finanzausgleichsgesetz) vom 20. Dezember 2001 (BGBl. I S. 3955, 3956)）の規定を基に筆者作成。

　近年は、バイエルン州、バーデン・ヴュルテンベルク州、ヘッセン州の3州が毎年、年によってはハンブルク州も加えた4州が、財政力の弱い他州のために財政調整金を供出し続ける状況となっていた。

(4) 連邦補充交付金（改正前第107条第2項第3文）

　「売上税による事前調整」と「狭義の」州間財政調整を経て、最後に、州間の財政力格差の更なる縮小のために、連邦補充交付金（Bundesergänzungszuweisungen）が交付される。連邦補充交付金には、一般連邦補充交付金（allgemeine Bundesergänzungszuweisungen）と特別需要連邦補充交付金（Sonderbedarfs-Bundesergänzungszuweisungen）がある。一般連邦補充交付金も、特別需要連邦補充交付金も、その使途を拘束されない[48]。

　一般連邦補充交付金は、「狭義の」州間財政調整が終わった段階で、（財政力／財政需要）が99.5％を下回る州に対して、その差額の77.5％を補填するものである。一般連邦補充交付金の交付後も、各州の（財政力／財政需要）の割合による順位は、当初のままで変わらない[49]。

　特別需要連邦補充交付金は、全ての州ではなく、一部の州にとっての特別に不利益な状況であって、ここまでの財政調整において考慮されていないものを補うものである。特別需要連邦補充交付金には、①東西ドイツ分断に起因するインフラ整備の遅滞を回復するために必要な旧東ドイツ諸州の負担を補うもの（ベルリン州を含む旧東ドイツ諸州を対象）、②構造的に失業率が高いゆえに必要となる給付の負担を補うもの（ベルリン州を除く旧東ドイツ諸州を対象）、③州の規模が比較的小さいために割高となる政治運営費用[50]を補うもの（10州[51]を対象）がある。特別需要連邦補充交付金については、その交付後、各州の（財政力／財政需要）の割合による順位が変わってもよいとされている[52]。

　このうち、①の東西ドイツ分断による負担を補う特別需要連邦補充交付金は、「連帯協定 II」により、2019年までの時限措置として制度化されたものである。交付額は、年々逓減する。

---

(48) Wolff et al., *op.cit.*(31), S. 841f.
(49) 基準法第11条第2項
(50) 政治運営費用（Kosten politischer Führung）とは、議会運営や議会会派、選挙等に係る費用である。André W. Heinemann, „Horizontal oder vertikal? Zur Zukunft des Finanzausgleichs in Deutschland", *Wirtschaftsdienst*, 92(7), 2012.7, S. 474.
(51) ベルリン州、ブランデンブルク州、ブレーメン州、メクレンブルク・フォアポメルン州、ラインラント・プファルツ州、ザールラント州、ザクセン州、ザクセン・アンハルト州、シュレスヴィヒ・ホルシュタイン州、テューリンゲン州（財政調整法第11条第4項）
(52) 基準法第12条第2項

(5) 連邦補充交付金と類似の連邦から州への財政援助の制度

連邦補充交付金と関連して、連邦が州の財政を援助できるように、連邦と州の共同任務（Gemeinschaftsaufgaben）、連邦から州への財政支援（Finanzhilfen）という2つの制度があり、これらも垂直的財政調整の一種としてとらえられることがある[53]。これらの制度は、連邦と州は、各々の任務の遂行のために生じる費用を独立して負担するという原則（第104a条第1項）の例外である。

共同任務とは、州の特定の任務に連邦が協力し、連邦と州が共同で財源を拠出する制度である。対象となる分野は、①地域的な経済構造の改善、農業構造・護岸の改善（第91a条）、②地域を超える意義を有する学術研究の助成（第91b条）、③情報技術システムの計画、構築及び運用（第91c条）、④行政のパフォーマンス評価（第91d条）、⑤求職者のための基礎保障（第91e条）である。

財政支援は、州又は市町村が行う特別に重要な投資のために、連邦が州に対して行うものである。ただし、連邦が立法権限を有する分野に限られ、経済全体の均衡が崩れることの防止、全国における経済力格差の調整、又は経済成長の促進をその目的としなければならない。また、財政支援の額は年々逓減すること、かつ時限的であることが要件とされている。（第104b条）

(6) 州間財政調整の実際——2017年を例に——

2017年に、州間の財政力の格差を是正するために要した額（売上税による事前調整を含む売上税の水平的税収配分、「狭義の」州間財政調整、一般連邦補充交付金）と各州の財政力がどのように調整されたかを、本稿末尾の別表2に示した。売上税の水平的配分時に「財政調整」の機能を持った額は83億8600万ユーロ、「狭義の」州間財政調整のために使われた額は111億8600万ユーロ、一般連邦補充交付金として連邦から交付された総額が45億600万ユーロであった。このうち、水平的財政調整である前2者の合計は、195億7200万ユーロである。

また、各州の財政需要に占める財政力の割合（財政力／財政需要）は、一般連邦補充交付金の交付後の段階では100%に近づいている。例えば、ベルリン州は、売上税の最終的な配分後の時点ではこの割合が69.3%であったが、一般連邦補充交付金の交付後の段階では97.5%となっている。逆にバイエルン州は、売上税の最終的な配分後の時点では117.6%であった割合が、一般連邦補充交付金の交付後の段階では106.5%となっている。

Ⅲ　2017年の基本法改正による制度改革

1　基本法改正法等の背景と制定経緯

前述のように、現行の財政調整制度は2019年末で失効することから、新たな制度を定めるために基本法と関係法律の改正が必要となっていた。このため、2006年と2009年の連邦制改革の間にも、新たな財政調整制度の在り方をめぐる議論が続けられていたが、長らく関係者の意見の一致を見ることができずにいた。

2015年に至り、ようやく意見の一致を見た。従来、財政調整制度の変更は、各州政府と連邦政府が全会一致で同意した案を、連邦議会が形式的に立法化するというプロセスで決定されて

---

[53] Bundesministerium der Finanzen, *op.cit.*(7), S. 10ff.

きたが⁽⁵⁴⁾、今回も同様の手続で、基本法及び関係法律の改正に至った。

　具体的な手続の経緯を述べると、まず、16 州の首相が、2015 年 12 月 3 日に新たな財政調整制度の案に合意した。その際、財政力の強い州は、現行制度は税収を増やすインセンティブを損ねるとして強い不満を持っている一方で[55]、財政力の弱い州は、現行制度から得ている利益が減少することを警戒していたことが考慮された。さらに、2020 年以降、州は借入れをしないで財政収支を均衡させる義務を負うため[56]、財政調整制度の改革により財政状況が悪化することは、どの州も避けなければならなかった。結果として、州首相が合意した案は、全ての州にとって不利益がないようにするため、州間財政調整のための州の負担を軽減し、その分の負担（毎年約 100 億ユーロ）を連邦に新たに求めるものとなった（後述）。

　この合意案は、ほぼ同内容で、2016 年 10 月 14 日の連邦・州首相会議において決定された[57]。連邦が自らの負担が増える案に同意した理由は、2020 年以降に財政調整制度が継続されなければ財政状況が悪化する州があり、このような州は、借入れができなくなるという事情もあり、必要な行政サービスの遂行に支障をきたすこととなってしまうからである[58]。

　連邦・州首相会議で決定された案は、2017 年 6 月 1 日に連邦議会において「基本法改正法」[59]及び「2020 年以降の財政調整制度に関する規定を定める法律」[60]として可決され、基本法の関連規定が改正（2017 年 7 月 20 日施行）されたほか、基準法や財政調整法等が改正され、財政再建支援法[61]等が制定された（一部を除き 2020 年 1 月 1 日施行）。新しい財政調整制度は、2020 年から実施される。

　「基本法改正法」と「2020 年以降の財政調整制度に関する規定を定める法律」の構成については、表 5、6 を参照されたい。基準法は「2020 年以降の財政調整制度に関する規定を定める法律」の第 1 章により、財政調整法は同法の第 2 章によりそれぞれ改正され、財政再建支援法は、同法の第 5 章により制定された。

　これらの法律は、主に財政調整制度の改革を規定するが、連邦が新たな負担を行うことと引き換えに新たに得た権限に関する規定等をも含んでいる。次節以降、最初に財政調整制度の改革の概要を紹介し、次に連邦の新たな権限を紹介する。

---

(54) Christian Bräuer, *Finanzausgleich und Finanzbeziehungen im wiedervereinten Deutschland*, Wiesbaden: VS Verlag für Sozialwissenschaften, 2005, S. 27.
(55) バイエルン州とヘッセン州は、州間財政調整制度は公正でないとして、2013 年に連邦憲法裁判所に違憲訴訟を提起していた。Volker Bouffier et al., „Klage gegen den Länderfinanzausgleich: Ein richtiger Schritt gegen unfair Verteilung?", *ifo Schnelldienst*, 2013(9), 16. Mai 2013, S. 3ff. しかし、2016 年に連邦と州が改革案に合意した後に、訴えを取り下げた。
(56) 前掲注(27)の 2009 年の基本法改正による。連邦は、2016 年以降、原則起債せずに財政収支を均衡させる義務を負っている。
(57) „Konferenz der Regierungschefinnen und Regierungschefs von Bund und Ländern am 14. Oktober 2016 in Berlin – Beschluss". Bundesregierung website <https://www.bundesregierung.de/Content/DE/Pressemitteilungen/BPA/2016/10/2016-10-14-beschluss-bund-laender.html> を参照。
(58) Deutscher Bundestag, *Plenarprotokoll*, 18/237, S. 23980.
(59) 前掲注(3)
(60) 同上
(61) Sanierungshilfengesetz vom 14. August 2017 (BGBl. I S. 3122, 3126). 2017 年 8 月 18 日施行。

表5 「基本法改正法」の構成

第90条（一部改正）	連邦高速道路及び他の連邦長距離道路
第91c条（一部改正）	情報技術システム
第104b条（一部改正）	重要な投資に係る州に対する財政支援
第104c条（新設）	市町村の教育インフラの分野における重要な投資に係る州に対する財政支援
第107条（一部改正）	財政調整及び補充交付金
第108条（一部改正）	税務行政
第109a条（一部改正）	財政非常事態
第114条（一部改正）	会計検査及び連邦会計検査院
第125c条（一部改正）	市町村の公共交通資金調達及び社会住宅助成に関する連邦の法令に関する経過規定
第143d条（一部改正）	財政強化支援に関する経過規定
第143e条（新設）	連邦高速道路及び他の連邦長距離道路の管理を州への委託事務から連邦の所掌事務とすることに伴う経過規定
第143f条（新設）	基本法第143d条、財政調整法及び基本法第107条第2項の規定により制定された他の法律の条件付き失効
第143g条（新設）	基本法第107条の適用

（注）財政調整制度と関係の深い規定は、網掛けで示した。
（出典）Gesetz zur Änderung des Grundgesetzes (Artikel 90, 91c, 104b, 104c, 107, 108, 109a, 114, 125c, 143d, 143e, 143f, 143g) vom 13. Juli 2017 (BGBl. I S. 2347) を基に筆者作成。

表6 「2020年以降の財政調整制度に関する規定を定める法律」の構成（抄）

第1章	基準法の改正
第2章	財政調整法の改正
第4章	財政安定化評議会法の改正
第5章	財政再建支援法の制定
第7章	市町村投資助成法の改正
第8a章	税務行政における新しいソフトウェアの開発及び導入の調整に関する法律の制定
第9章	オンライン・アクセス法の制定
第13章	連邦高速道路及び連邦長距離道路のためのインフラ整備会社設立法の制定
第14章	連邦長距離道路庁設置法の制定
第17章	連邦長距離道路法の改正
第20章	長距離道路建設民間資金調達法の改正

（注）財政調整制度と関係の深い法律は、網掛けで示した。
（出典）Gesetz zur Neuregelung des bundesstaatlichen Finanzausgleichssystems ab dem Jahr 2020 und zur Änderung haushaltsrechtlicher Vorschriften vom 14. August 2017 (BGBl. I S. 3122) を基に筆者作成。

2 財政調整制度の改革（2020年施行）の概要

今回の財政調整制度の改革により、「売上税による事前調整」及び「狭義の」州間財政調整が廃止され、これまで州の間で融通し合ってきた資金の一部を連邦が肩代わりすることとなった。連邦が州のために新たに負担する額は、年に94億ユーロ以上となり、この額は年々逓増する。その結果、財政力の強い州も弱い州も、現状よりも多くの額を最終的に得ることができるよう

になる[62]。要するに、制度全体としては、水平的財政調整が大きく減少し、垂直的財政調整の割合が増えて、連邦の果たす役割が大きくなる。以下では、制度の主要な変更点を紹介する[63]。

(1) 連邦と州との間における売上税の配分の変更（改正財政調整法第1条）

売上税の連邦と州との間の配分において、州への帰属分が年間に約40億2千万ユーロ増えることとなった。このうち26億ユーロは定額であるが、残額（約14億2千万ユーロ）は税収に応じて増減する分である[64]。

(2) 州間における売上税配分方法の変更（第107条第2項第2文～第4文）

「売上税による事前調整」がなくなり、16州全体に帰属する売上税は、その全額が各州の人口比に応じて配分されることとなった[65]。ただし、財政力が弱い州には配分額の増額があり、財政力が強い州には減額があるというように、財政力格差の適度な調整が図られている。すなわち、財政力が強い州は、（財政力－財政需要）の63％分の減額が行われ、財政力が弱い州は、（財政需要－財政力）の63％分の増額が行われる（改正財政調整法第10条）。また、財政力を算出する際に、市町村の税収の75％（従前64％）が考慮されることになった（改正財政調整法第8条第3項）。これは、財政力の弱い州に有利となる改正である。

さらに、従来、州の税収を計算する際には、採掘税（Förderabgabe）の全額が算入されていたが、改正後は33％のみが税収として算入されることになった。これは、採掘税からの税収が比較的多い州（ニーダーザクセン州及びシュレスヴィヒ・ホルシュタイン州）にとっての鉱区を有するがゆえの負担を考慮した措置である。

(3) 「狭義の」州間財政調整の廃止（第107条）

「狭義の」州間財政調整は、廃止される。売上税による事前調整とあわせ、州間で融通し合う額が減る分、連邦と州との間の売上税配分における州帰属分が増額され、連邦の各種交付金が拡充される（後述）。

(4) 一般連邦補充交付金による財政力格差の是正の強化（改正財政調整法第11条第2項）

一般連邦補充交付金は、売上税の州間配分が終わった段階で、（財政力／財政需要）が99.75％（従前99.5％）を下回る州に対して、その差額の80％（従前77.5％）を補填するものとなる。

---

[62] „Mehr Geld für alle", 23. Januar 2017. Bund der Steuerzahler Niedersachsen und Bremen e.V. website <https://www.steuerzahler-niedersachsen-bremen.de/Mehr-Geld-fuer-alle/80013c91485i1p245/index.html>
[63] 本節の記述は、主に、Deutscher Bundestag, *Drucksache* 18/11131, 11135 に依った。
[64] 参考に、2016年10月1日から2017年9月30日までの売上税及び輸入売上税からの税収のうち州帰属分は、1045億ユーロであった。Bundesrat, *Drucksache* 35/18, Anlage 2, S. 2.
[65] 現行の売上税の州間配分の方法では、売上税の最終的な配分の段階で、最も人口の多いノルトライン・ヴェストファーレン州が支払州になっていた。その結果、同州は、その後の財政力が平均よりも小さくなり、「狭義の」州間財政調整において財政調整金を受領していた（前掲注(41)も参照。）。今回の改正により、同州は全体として支払州となり、「汚名返上」したとされる。また、改正後は、ノルトライン・ヴェストファーレン州とハンブルク州が支払州に加わり、人口比では、ドイツの半数以上の人口が支払側に回って州間財政調整を支えることになる。Martin Greive, „Länderfinanzausgleich: NRW soll Zahlerland werden: Berlin mehr profitieren", 10. August 2015. Welt Online website <https://www.welt.de/politik/deutschland/article145008787/NRW-soll-Zahlerland-werden-Berlin-mehr-profitieren.html>

(5) 他の連邦補充交付金の改革（第107条第2項第6文）

　旧東ドイツ諸州のための特別需要連邦補充交付金は廃止され、代わりに、特に税収の少ない市町村を有する財政力の弱い州のための連邦補充交付金が創設される。この交付金により、州内の市町村の人口1人当たり税収が連邦の全市町村平均の80%に満たない給付能力の低い[66]州が、全市町村平均の人口1人当たり税収との差額の53.5%を補填される（改正財政調整法第11条第5項）。これは、事実上、旧東ドイツ諸州のための特別需要連邦補充交付金を継承する制度であるが、交付対象が旧東ドイツ諸州に限定されなくなった点は、公平な制度になったとの見方もある[67]。

　さらに、研究助成のための連邦補充交付金が創設される。これは、連邦と州が共同で行う研究助成（第91b条）を補うもので、第91b条の規定により連邦から州に支払われた人口1人当たりの助成額が州平均の95%未満であった給付能力の低い州に対して、その差額の35%を補填するものである（改正財政調整法第11条第6項）。

(6) ザールラント州及びブレーメン州に対する財政再建支援（第143d条）

　現在（2011～2019年）、財政赤字が大きい5州（ベルリン州、ブレーメン州、ザールラント州、ザクセン・アンハルト州、シュレスヴィヒ・ホルシュタイン州）は、2020年から借入れなしでも予算を均衡させることができるように、連邦から財政強化支援（Konsolidierungshilfe）を毎年5州全体で8億ユーロ受領している[68]。

　このうち規模が小さく財政力の弱いザールラント州[69]及びブレーメン州[70]は、財政収支均衡の原則を将来的には独力で遵守することが可能となるように、2020年からも引き続き毎年4億ユーロずつの財政再建支援（Sanierungshilfe）を連邦から受けることとされた[71]。両州は、その代わり、過剰な債務を削減し、経済力及び財政力を強化するための措置を講じる。

(7) 変更のない点

　全ての州からの合意を得るために、従来から効果について疑問が呈されることがあった幾つかの制度（政治運営費用を補う特別需要連邦補充交付金、構造的に失業率が高いゆえに必要となる給付の負担を補う特別需要連邦補充交付金、港湾のための財政支援、135%の係数を掛けた都市州の人口算定）や市町村の公共交通を支援する連邦プログラムは存続することとされた。

---

[66]「給付能力の低い州」とは、売上税の配分に際して配分額の増額を受ける州をいう（改正後基準法第9条）。
[67] Manfred Schäfers, „Staatspolitisches Nullsummenspiel", *Frankfurter Allgemeine Zeitung*, 5. Dezember 2015, S. 21. 旧東ドイツ諸州のほか、ザールラント州がこの交付金を受領するとされている。Thomas Lenk und Philipp Glinka, „Der neue bundesstaatliche Finanzausgleich – eine Reform und viel Reformaufschub", *Wirtschaftsdienst*, 97(7), 2017.7, S. 508.
[68] 渡辺富久子「ドイツの第二次連邦制改革（連邦と州の財政関係）(2)―財政赤字削減のための法整備」『外国の立法』No.246, 2010.12, p.92. <http://dl.ndl.go.jp/view/download/digidepo_3050576_po_02460004.pdf?contentNo=1> 財政強化支援の根拠法は、Gesetz zur Gewährung von Konsolidierungshilfen (Konsolidierungshilfengesetz) vom 10. August 2009 (BGBl. I S. 2705).
[69] ザールラント州の面積は約2,571km^2（東京都の面積：2,188km^2）、人口は約99万6千人（2015年12月31日現在）。„Statistik in Kürze". Saarland website <https://www.saarland.de/9348.htm> 人口1人当たりの借金は、約18,000ユーロ（2016年末）。Statistisches Bundesamt, *Schuldenstatistik 2017*, 2017, S. 2.
[70] ブレーメン州の面積は約420km^2、人口は約67万人（2015年12月31日現在）。Statistisches Landesamt Bremen, *Statistisches Jahrbuch 2017*, 2017, S. 2, 31. 人口1人当たりの借金は、約32,000ユーロ（2016年末）。Statistisches Bundesamt, *ibid*.
[71] 財政再建支援法第1条。なお、財政強化支援及び財政再建支援は、「財政支援（Finanzhilfen）」（II 2 (5) を参照）の範疇ではない。

港湾のための財政支援は、港湾を有する5州（ブレーメン州、ハンブルク州、メクレンブルク・フォアポメルン州、ニーダーザクセン州及びシュレスヴィヒ・ホルシュタイン州）のために連邦が行う財政支援であり[72]、市町村の公共交通を支援する連邦プログラム[73]は、連邦が各州に対して行う財政支援プログラムである。2006年の第1次連邦制改革では、連邦と州それぞれの財政上の責任を明確にするために、連邦が州に対して行う財政支援の要件が厳格化され、連邦は当該財政支援の対象となる分野に関する立法権限を有さなければならなくなり、財政支援は逓減的で期限付でなければならなくなった。ところが、港湾に関しては連邦は立法権限を有しておらず、市町村の公共交通を支援する連邦プログラムは期限がないため、両財政支援については、第1次連邦制改革の際に基本法第125c条に2019年末までの経過規定が置かれていた。今回の改正により、両財政支援は例外的に無期限とされた。市町村の公共交通を支援する連邦プログラムに関する規定については、2025年1月1日以降、改正をしてもよいこととされた。

(8) 連邦による新たな負担の内訳

　2020年の制度改革により、連邦が新たに負担することとなる約94億ユーロの内訳は、表7のとおりである。

表7　財政調整制度の改革により生ずる連邦の新たな負担の内訳（2020年）

内訳	額（100万ユーロ）
売上税の配分の減少	3,685
一般連邦補充交付金	2,865
税収の少ない市町村を有する州のための連邦補充交付金	1,635
研究助成のための連邦補充交付金	181
政治運営費用を補う特別需要連邦補充交付金	11 (注1)
港湾のための財政支援	38
財政再建支援（ブレーメン州及びザールラント州のための交付金）	800
その他	202
合計	9,417

(注1)　ブランデンブルク州のために認められた追加的な交付金額
(注2)　1ユーロは約131円（平成30年11月分報告省令レート）。
(出典)　Deutscher Bundestag, *Drucksache* 18/11135, S. 7ff を基に筆者作成。

(9) 2030年以降の制度再編（第143f条）

　第143d条、改正財政調整法及び改正後の基本法第107条第2項に基づいて制定される他の法律は、少なくとも2030年までは効力を有することが定められた。2031年以降、連邦政府、連邦議会又は3以上の州が共同で、制度の再編を要求することができる。

3　連邦の新たな権限と基本法の他の改正

　連邦は、新たな負担を行うことと引き換えに、特に次に掲げる事項についての権限を得た。

---

(72) Gesetz über Finanzhilfen des Bundes nach Artikel 104a Abs. 4 des Grundgesetzes an die Länder Schleswig-Holstein, Niedersachsen, Freie Hansestadt Bremen sowie Freie und Hansestadt Hamburg vom 19. Dezember 1986 (BGBl. I S. 2584) に基づく。
(73) Gemeindeverkehrsfinanzierungsgesetz in der Fassung der Bekanntmachung vom 28. Januar 1988 (BGBl. I S. 100) に基づく。

① 従来、連邦高速道路（アウトバーン）の管理は、連邦の委託により各州が行っていたが、連邦の所掌事務とされた（第90条）[74]。連邦高速道路の管理を州に委託している現状では、各州の状況により、整備や補修の状態に差が出てくるため、連邦が全国的な優先付けを行うことにより、これを改善しようとする改正である。

② 連邦は、財政力の弱い市町村の教育インフラ投資のために財政支援を行うことができるようになった（第104c条）[75]。

③ 従来、連邦により交付される財政支援金を用いた助成の基準は州により異なっていたが、連邦は州の助成プログラムの基準を定めることができるようになり、全国で統一的な助成基準を設けることができるようになった。また、連邦は、財政支援金が目的どおりに使用されているかについて、州から報告を受けることができるようになった（第104b条）。

④ 連邦会計検査院は、連邦が州の任務のために行っている財政援助（共同任務のための財源拠出）や財政支援について、資金が目的どおりに使用されているか否かを検査する権限を得た（第114条）。

⑤ 財政安定化評議会（Stabilitätsrat）[76]は、連邦のみでなく、州による財政収支均衡の原則の遵守も監視する権限を得た（第109a条第2項）。なお、財政安定化評議会は、2009年に連邦と州により設置された予算監視機関であり、連邦及び各州の財務大臣をその構成員とする。

基本法のその他の主要な改正としては、①連邦と州で共通の行政サービスポータルサイトを構築すること（第91c条第5項）、②連邦と州の税務官庁が柔軟に協力することができるようになったこと（第108条）が挙げられる。

おわりに

今回の財政調整制度の改革では、財政力の強い州からの「税収を増やすインセンティブに欠ける」との批判を受けて、「狭義の」州間財政調整がなくなり、2020年以降、売上税の各州への配分のみを通じて州間財政調整が行われることになった。これは、州間で行われる税収再配分が少なくなることを意味し、その代わりに連邦から州への配分が増えることとなる。この制度改正は、全ての州にとって不利益のないものであるが、様々な分野で連邦の権限が強化され、ドイツの連邦制に与える影響は大きいとされている[77]。

連邦議会の審議では、州間の「連帯」を基盤とする連邦制が弱体化すること、また、州の政策や財政が連邦の財政に依存するようになることについて、与野党の議員から危機感が表明された[78]。また、連邦が税収の少ない市町村を有する州に対して連邦補充交付金を交付することができるようになり、また、市町村の教育インフラ投資に対して財政支援を行う権限を得たことについても、本来州が所管する地方自治に連邦が介入するようになるのでは、との懸念が表

---

(74) Deutscher Bundestag, *Plenarprotokoll*, 18/218, S. 21782.
(75) 連邦は、自らが立法権限を有する分野に限り財政支援を行うことができるという原則（第104b条）の特例として定められた規定である。教育インフラとは、特に校舎の改修が念頭に置かれている。
(76) 渡辺 前掲注(68), pp.96-97; 宮本善仁「財政健全化に向けての独立財政機関の役割―OECD主要国等における会計検査院との比較を中心に―」『会計検査研究』56号, 2017.9, pp.74-75. 根拠法は、Gesetz zur Errichtung eines Stabilitätsrates und zur Vermeidung von Haushaltsnotlagen (Stabilitätsratsgesetz) vom 10. August 2009 (BGBl. I S.2702).
(77) Lenk und Glinka, *op.cit.*(67), S. 507.
(78) Deutscher Bundestag, *op.cit.*(74), S. 21767ff.

明された。21世紀に入りこれまでは、連邦と州の錯綜した権限を切り分け、各々の所掌分野を明確にすることを企図して連邦制改革が行われてきたが、今回の改革では再び財政上の権限の錯綜が拡大し、改革が逆戻りした様相を呈している。

　州の課税自主権を拡大し、各州が独自の財政政策を打ち立てることができるように財政調整制度を根本から変えた方がよいとの意見は、有識者の間ではしばしば見られる[79]。その一方で、基本法第106条第3項が規定するように連邦全体で統一的な生活条件を整えるためには、連邦が統一的に税法を立法する方がよい、との考え方も根強い。今回の改革により各州の財政力の格差がより拡大するようなことにならないか、連邦の負担がどの程度増えるか等、今後の行方が注視される。

（わたなべ　ふくこ）

---

(79) Hentze, *op.cit.*(40), S. 18.

別表 1　財政調整制度に関する基本法の規定の主要な改正

施行日	法律名 法律の内容
1955.4.1	財政に関する基本法の規定の改正及び補充のための法律 Gesetz zur Änderung und Ergänzung der Finanzverfassung (Finanzverfassungsgesetz) vom 23. Dezember 1955 (BGBl. I S. 817) ・連邦及び州がその税収を分かち合う共同税の制度が導入され、所得税及び法人税が共同税とされた。共同税は、連邦1：州2の配分割合とされた（第106条第3項）。 ・州間財政調整が義務化され、連邦による連邦補充交付金の州への交付が可能となった（第107条）（注1）。
1970.1.1	第21次基本法改正法（財政改革法） Einundzwanzigstes Gesetz zur Änderung des Grundgesetzes (Finanzreformgesetz) vom 12. Mai 1969 (BGBl. I S. 359) ・所得税及び法人税は、連邦と州に半分ずつ帰属することとされた（第106条第3項）。 ・売上税が共同税となり、「売上税による事前調整」が導入された（第106条・第107条）。 ・連邦と州の共同任務が導入され、大学の新設・拡張、地域的な経済構造の改善及び農業構造・護岸の改善（第91a条）、超地域的な意義を有する研究施設・事業の助成（第91b条）が共同任務となった。 ・連邦は、州及び市町村の公共投資のために財政支援を行うことができるようになった（第104a条）。
1993.12.23	基本法改正法 Gesetz zur Änderung des Grundgesetzes vom 20. Dezember 1993 (BGBl. I S. 2089) ・連邦鉄道の民営化に伴い、連邦は、州に対して、公共交通のための補助金を支給することが定められた（第106a条）。
1997.10.25	基本法改正法（第28条及び第106条） Gesetz zur Änderung des Grundgesetzes (Artikel 28 und 106) vom 20. Oktober 1997 (BGBl. I S. 2470) ・1998年以降に営業資本税（事業者の資本を課税対象とした市町村税）を廃止することに伴い減少する市町村の税収を補うために、市町村にも売上税収の一部を充てることが定められた（第106a条）。
2006.9.1	基本法改正法（第22条、第23条、第33条、第52条、第72条、第73条、第74条、第74a条、第75条、第84条、第85条、第87c条、第91a条、第91b条、第93条、第98条、第104a条、第104b条、第105条、第107条、第109条、第125a条、第125b条、第125c条及び第143c条） Gesetz zur Änderung des Grundgesetzes (Artikel 22, 23, 33, 52, 72, 73, 74, 74a, 75, 84, 85, 87c, 91a, 91b, 93, 98, 104a, 104b, 105, 107, 109, 125a, 125b, 125c, 143c) vom 28. August 2006 (BGBl. I S. 2034) ・「大学の新設・拡張」は連邦と州の共同任務から除外された（第91a条第1項）。 ・財政支援は、連邦が立法権限を有する分野に限定された。また、財政支援の期限を設け、定期検査を義務付ける等、財政支援の要件を厳格化した（第104b条）。 ・州に、不動産取得税の税率を決定する権限が与えられた（第105条第2a項）。
一部を除き 2009.3.26	基本法改正法（第106条、第106b条、第107条及び第108条） Gesetz zur Änderung des Grundgesetzes (Artikel 106, 106b, 107, 108) vom 19. März 2009 (BGBl. I S. 606) ・自動車税を州税から連邦税に変更した（第106条第1項及び第2項）。 ・その結果として、連邦の税収の一定額を州へ帰属させることとした（第106b条）。
2009.8.1	基本法改正法（第91c条、第91d条、第104b条、第109条、第109a条、第115条及び第143d条） Gesetz zur Änderung des Grundgesetzes (Artikel 91c, 91d, 104b, 109, 109a, 115, 143d) vom 29. Juli 2009 (BGBl. I S. 2248) ・連邦が州に対して財政支援を行うことができるのは、連邦が立法権限を有する分野に限定されていたが、大規模な自然災害や緊急非常事態（大規模な事故・災害、外来的な要因による金融危機等）の場合には、これにかかわらず財政支援を行うことができるようになった（第104b条第1項）。 ・情報技術システムの計画、構築及び運用が、連邦と州の共同任務となった（第91c条）。 ・行政のパフォーマンス評価が、連邦と州の共同任務となった（第91d条）。
2010.7.27	基本法改正法（第91e条） Gesetz zur Änderung des Grundgesetzes (Artikel 91e) vom 21. Juli 2010 (BGBl. I S. 944) ・求職者のための基礎保障が、連邦と州の共同任務となった（第91e条）。

2015.1.1	基本法改正法（第 91b 条） Gesetz zur Änderung des Grundgesetzes (Artikel 91b) vom 23. Dezember 2014 (BGBl. I S. 2438) ・超地域的な意義がある場合に、学術研究の分野で従前よりも広い連邦と州の共同任務が可能となった（第 91b 条）。
2017.7.20 （第 107 条は 2020 年から適用）	基本法改正法（第 90 条、第 91c 条、第 104b 条、第 104c 条、第 107 条、第 108 条、第 109a 条、第 114 条、第 125c 条、第 143d 条、第 143e 条、第 143f 条、第 143g 条） Gesetz zur Änderung des Grundgesetzes (Artikel 90, 91c, 104b, 104c, 107, 108, 109a, 114, 125c, 143d, 143e, 143f, 143g) vom 13. Juli 2017 (BGBl. I S. 2347) ・「売上税による事前調整」がなくなり、さらに、「狭義の」州間財政調整が廃止された（第 107 条）。 ・一般連邦補充交付金による財政力格差の是正が強化された（第 107 条）。 ・旧東ドイツ諸州のための特別需要連邦補充交付金が廃止され、税収の少ない市町村を有する財政力の弱い州のための連邦補充交付金と、研究助成のための連邦補充交付金が創設された（第 107 条）。 ・連邦は、ザールラント州及びブレーメン州に毎年総額 8 億ユーロ（注 2）の財政再建支援を行うことができるようになった（第 143d 条）。

（注 1）連邦補充交付金は、財政調整法に実施規定が設けられた 1967 年から交付されている（BGBl. I 1967 S. 281）。当初は、一般連邦補充交付金のみであったが、「連帯協定 I（1995-2004）」が制定された際に新規制定された財政調整法（BGBl. I 1993 S. 944, 977）において、各種の特別需要連邦補充交付金が定められ、交付されるようになった。Hans Pagenkopf, *Der Finanzausgleich: Theorie und Praxis*, Stuttgart: Verlag W. Kohlhammer, 1981, S. 186.
（注 2）1 ユーロは約 131 円（平成 30 年 11 月分報告省令レート）。
（出典）Deutscher Bundestag, Wissenschaftliche Dienste, *Änderung des Grundgesetzes seit 1949: Inhalt, Datum, Abstimmungsergebnis und Textvergleich.* <https://www.bundestag.de/blob/422928/0c2af6de554124edbda05a08e4fee334/wd-3-380-09-pdf-data.pdf> を基に筆者作成。

別表2　2017年に州間の財政調整に要した額及び各州の財政力の調整

	シュレスヴィヒ・ホルシュタイン州	バイエルン州	バーデン・ヴュルテンベルク州	ニーダーザクセン州	ヘッセン州	ザクセン州	ノルトライン・ヴェストファーレン州	ザクセン・アンハルト州	シュレスヴィヒ・ホルシュタイン州※	チューリンゲン州	ブランデンブルク州	メクレンブルク・フォアポンメルン州	ザールラント州	ベルリン州	ハンブルク州	ブレーメン州	合計
売上税による事前調整前の人口1人当たり税収（平均を基準とした割合）(%)	95.7	128.9	116.6	86.1	125.1	59.8	93.5	56.3	90.0	54.8	68.8	56.9	74.8	92.1	154.2	89.1	―
売上税の最終的な配分後の調整額（実際の配分額と、売上税収を人口比のみに基づいて配分した場合の差額）(100万ユーロ)	-1,999	-2,412	-2,042	611	-1,158	2,420	-282	1,476	-1	1,489	1,039	1,044	296	-153	-338	11	±8,386
財政力／財政需要「狭義の」州間財政調整前 (%)	96.6	117.6	110.5	95.8	115.7	88.6	95.5	90.3	96.0	88.3	90.2	87.5	91.7	69.3	100.9	73.2	―
「狭義の」州間財政調整による補填額又は供出額（100万ユーロ）(＋：補填、-：供出)	1,243	-5,887	-2,779	696	-2,480	1,184	392	539	239	641	607	523	198	4,233	-40	692	±11,186
財政力／財政需要「狭義の」州間財政調整後 (%)	98.3	106.5	104.3	98.0	105.9	95.7	97.8	96.2	98.1	95.6	96.2	95.4	96.6	90.7	100.5	91.7	―
一般連邦補充交付金（100万ユーロ）	670			378		489	212	234	130	263	263	210	91	1,340		225	4,506
財政力／財政需要「狭義の」州間財政調整＋一般連邦補充交付金交付後 (%)	99.2	106.5	104.3	99.2	105.9	98.6	99.1	98.8	99.2	98.6	98.8	98.6	98.8	97.5	100.5	97.7	―

（注1）「売上税による事前調整前の人口1人当たり税収（平均を基準とした割合）」は「財政力／財政需要」とは基準が違うため、前者による順位は、後続の手続に影響を与えない。

（注2）人口1人当たりの税収が16州の平均を下回る州が事前調整において配分を得たとしても、当該人口1人当たりの税収が16州の平均を大きく下回らない場合には、売上税の最終的な配分後（＝売上税全体を含む事前調整後）、売上税の水平的な税収配分後）、売上税全体を人口比により配分する場合と比べて、減収となることがある。

（注3）［合計］欄の［±］は、表中の［＋］の額を足し合わせた数と、［-］の数を足し合わせた数が等しいこと、及びその絶対値を表している。

（注4）この表で示した財政調整における資金のほか、連邦から州に対して、総額で約46億ユーロの特別需要連邦補充交付金が交付された。

（注5）1ユーロは約131円（平成30年11月分報告省レート）。

（出典）„Ergebnisse des Länderfinanzausgleichs 2017". Bundesministerium der Finanzen website <https://www.bundesfinanzministerium.de/Monatsberichte/2018/03/Inhalte/Kapitel-3-Analysen/3-1-Ergebnisse-des-laenderfinanzausgleichs-2017.html> を基に筆者作成。

ドイツ連邦共和国基本法（抄）
―2017 年 7 月 13 日の改正法により改正された条文を中心に―

Grundgesetz für die Bundesrepublik Deutschland,
das zuletzt durch Artikel 1 des Gesetzes vom 13. Juli 2017 (BGBl. I S. 2347) geändert worden ist

国立国会図書館　調査及び立法考査局
調査企画課　渡辺　富久子訳

【目次】（**太字**は訳出した条文。*イタリック体*は、2017 年の改正法により改正された条文。）

第 8 章　連邦法の執行及び連邦行政
  第 83 条～第 89 条（略）
  第 90 条　*［連邦高速道路及び他の連邦長距離道路］（一部改正）*
  第 91 条（略）
第 8a 章　［連邦と州の］共同任務及び行政上の協力
  第 91a 条～第 91b 条（略）
  第 91c 条　*［情報技術システム］（一部改正）*
  第 91d 条～第 91e 条（略）
第 9 章　裁判（略）
第 10 章　財政制度
  第 104a 条　［任務及び費用負担の配分］
  第 104b 条　*［重要な投資に係る州に対する財政支援］（一部改正）*
  第 104c 条　*［市町村の教育インフラの分野における重要な投資に係る州に対する財政支援］（新設）*
  第 105 条　［租税に関する立法権］
  第 106 条　［租税収入の配分及び専売収入］
  第 106a 条　［近距離公共旅客交通のための連邦補助金］
  第 106b 条　［自動車税が州税でなくなったことに対する連邦からの補償金］
  第 107 条　*［財政調整及び補充交付金］（一部改正）*
  第 108 条　*［税務行政］（一部改正）*
  第 109 条　［連邦及び州の予算運営］
  第 109a 条　*［財政非常事態］（一部改正）*
  第 110 条～第 113 条（略）
  第 114 条　*［会計検査及び連邦会計検査院］（一部改正）*
  第 115 条（略）
第 10a 章　防衛事態（略）
第 11 章　経過規定及び末尾規定
  第 116 条～第 125b 条（略）
  第 125c 条　*［市町村の公共交通資金調達及び社会住宅助成に関する連邦の法令に関する経過規定］（一部改正）*
  第 126 条～第 143c 条（略）
  第 143d 条　*［財政強化支援に関する経過規定］（一部改正）*
  第 143e 条　*［連邦高速道路及び他の連邦長距離道路の管理を州への委託事務から連邦事務とすることに伴う経過*

規定］（新設）

第143f条　［基本法第143d条、財政調整法及び基本法第107条第2項の規定により制定された他の法律の条件付き失効］（新設）

第143g条　［基本法第107条の適用］（新設）

第144条～第146条（略）

第8章　連邦法の執行及び連邦行政

第83条～第89条（略）

第90条　［連邦高速道路及び他の連邦長距離道路］（一部改正）

(1) 連邦は、*引き続き、連邦高速道路及び他の連邦長距離道路*[1]*の所有者とする。当該所有権は、譲渡することができない*。

(2) 連邦高速道路の管理は、連邦事務として行われる。連邦は、この任務の遂行のために、私法上の会社を用いることができる。当該会社は、連邦の所有とし、当該所有権は譲渡することができない。第三者は、当該会社及びその子会社に直接的又は間接的に出資することができない。私人は、一の州における連邦高速道路網の全体若しくは他の連邦長距離道路網の全体又はこれらの主要部分を包含する路線網について、官民パートナーシップ[2]制度を通じて出資することができない。詳細は、連邦法律[3]で定める。

(3) 州又は州法に基づく所管の自治団体は、連邦の委託により、他の連邦長距離道路を管理する。

(4) 連邦は、州の要請に基づき、当該州の領域内にある他の連邦長距離道路［の管理］を*連邦事務として引き受けることができる*。

第91条（略）

---

* ここに抜粋して翻訳する基本法の条文は、Gesetz zur Änderung des Grundgesetzes (Artikel 90, 91c, 104b, 104c, 107, 108, 109a, 114, 125c, 143d, 143e, 143f, 143g) vom 13. Juli 2017 (BGBl. I S. 2347) による改正後の財政調整制度に関する規定である。なお、この改正により改正された規定はイタリック体で表記した。条文中［　］は、訳者が原語又は訳文を補記したものである。特に、各条文の見出しは、Heinrich Amadeus Wolff et al., *Grundgesetz für die Bundesrepublik Deutschland: Handkommentar*, 12. Auflage, Baden-Baden: Nomos, 2018 を参照し、便宜的に訳者が付したものである。邦訳にあたっては、山口和人「ドイツの第二次連邦制改革（連邦と州の財政関係）(1) ―基本法の改正―」『外国の立法』No.243, 2010.3, pp.12-18 の「2009年7月29日の基本法を改正する法律（第91c条、第91d条、第104b条、第109条、第109a条、第115条、第143d条）（連邦法律公報第I部 2248頁）に関する新旧対照表」<http://dl.ndl.go.jp/view/download/digidepo_1166438_po_024301.pdf?contentNo=1> 等を参照した。インターネット情報は、2018年9月24日現在である。

(1) 連邦長距離道路（Bundesstraßen des Fernverkehrs）とは、連邦高速道路（Bundesautobahn：アウトバーン）と連邦道路（Bundesstraße）の総称である（連邦長距離道路法（Bundesfernstraßengesetz in der Fassung der Bekanntmachung vom 28. Juni 2007 (BGBl. I S. 1206)）第1条）。

(2) 官民パートナーシップとは、契約に基づき、官庁と民間会社が共同で公共の任務を行う制度をいう。Heinrich Amadeus Wolff et al., *Grundgesetz für die Bundesrepublik Deutschland: Handkommentar*, 12. Auflage, Baden-Baden: Nomos, 2018, S. 673.

(3) Gesetz zur Errichtung einer Infrastrukturgesellschaft für Autobahnen und andere Bundesfernstraßen (Infrastrukturgesellschaftserrichtungsgesetz) vom 14. August 2017 (BGBl. I S. 3122, 3141) 及び Fernstraßen-Bundesamt-Errichtungsgesetz vom 14. August 2017 (BGBl. I S. 3122, 3143).

第8a章　[連邦と州の] 共同任務及び行政上の協力

第91a条～第91b条（略）

第91c条　[情報技術システム]（一部改正）

(1) 連邦及び州は、その任務の遂行に必要な情報技術システムの計画、構築及び運用において協力することができる[4]。

(2) 連邦及び州は、協定[5]に基づき、その情報技術システム間の通信に必要な規格及びセキュリティ要件を定めることができる。第1文に規定する協力の根拠に関する協定は、内容及び規模に応じて決定される個別の任務[6]に関する細則が当該協定で定める連邦及び州の特別多数[Qualifizierte Mehrheit][7]の同意を得て施行する旨を定めることができる。当該協定は、連邦議会及び当該協定に参加する州の議会の同意を必要とし、協定を解約する権利を排除することはできない。当該協定においては、費用負担についても定める。

(3) 州は、前項に定める事項に加えて、情報技術システムの共同の運用及びそのための施設の設置について協定[8]を締結することができる。

(4) 連邦は、連邦及び州の情報技術ネットワークを接続するためのネットワークを構築する。ネットワークの構築及び運用に関する詳細は、連邦参議院の同意[9]を必要とする連邦法律[10]で定める。

(5) 連邦及び州の行政サービスのためのポータルサイトについては、連邦参議院の同意を必要とする連邦法律[11]で定める。

第91d条～第91e条（略）

第9章　裁判（略）

第10章　財政制度

第104a条　[任務及び費用負担の配分]

(1) 連邦及び州は、この基本法に別段の定めがある場合を除き、その任務の遂行により生ずる費用を個別に負担する。

---

[4] この規定は、情報技術システムの計画、構築及び運用を連邦と州の共同任務の対象とし、連邦が州と共同で財源を拠出する制度を定めるものである。

[5] Vertrag über die Errichtung des IT-Planungsrats und über die Grundlagen der Zusammenarbeit beim Einsatz der Informationstechnologie in den Verwaltungen von Bund und Ländern (Vertrag zur Ausführung von Artikel 91c GG) vom 20. November 2009 (BGBl. 2010 I S. 663). Wolff et al., *op.cit.*(2), S. 689.

[6] 例えば、個別の規格を定めること等である。Deutscher Bundestag, *Drucksache* 18/12410, S. 9.

[7] 「特別多数」とは、単純多数決（過半数の賛成による決定）以上の多数の賛成を必要とする制度である。山田晟『ドイツ法律用語辞典　改訂増補版』大学書林, 1991, p.503.

[8] 例えば、Staatsvertrag über die Errichtung von „Dataport" als rechtsfähige Anstalt des öffentlichen Rechts vom 27. August 2003 (GVOBl. Schl.-H. S. 558) が、シュレスヴィヒ・ホルシュタイン州、ハンブルク、メクレンブルク・フォアポメルン州、ブレーメン州、ニーダーザクセン州及びザクセン・アンハルト州の間で締結されている。Wolff et al., *op. cit.*(2), S. 689.

[9] 連邦参議院（Bundesrat）は、州政府の代表69名により構成される。州の財政に影響を与える法案は、連邦参議院の同意がなければ成立しない。

[10] Gesetz über die Verbindung der informationstechnischen Netze des Bundes und der Länder (IT-NetzG) vom 10. August 2009 (BGBl. I S. 2702, 2706). Wolff et al., *op.cit.*(2), S. 688.

[11] Gesetz zur Verbesserung des Onlinezugangs zu Verwaltungsleistungen vom 14. August 2017 (BGBl. I S. 3122, 3138).

(2) 州が連邦の委託により[事務を]行う場合には、連邦がこれにより生ずる費用を負担する。

(3) 現金給付について定め、州により執行される連邦法律[12]は、現金給付の全部又は一部を連邦が負担することを定めることができる。連邦が費用の半分以上を負担することを当該法律が定める場合には、当該法律は、連邦からの委託によって[州により]実施される。

(4) 第三者に対する現金給付、金銭価値を有する現物給付又はこれらと同様の価値を有するサービス給付を州に義務付ける連邦法律であって、州が固有事務として又は第3項第2文に規定する連邦からの委託により執行するものは、これにより生ずる費用を州が負担しなければならない場合、連邦参議院の同意を必要とする。

(5) 連邦及び州は、自らの官庁において生ずる行政費用を負担し、かつ、お互いに対する関係で適正な行政を行う責任を有する。詳細は、連邦参議院の同意を必要とする連邦法律[13]で定める。

(6) 連邦及び州は、国内の所管及び任務の分担に従って、ドイツによる超国家的な又は国際法上の義務違反の負担金を分担する。欧州連合から複数の州について[補助金等の]不適正な支出の指摘[Finanzkorrektur]があった場合には、連邦及び州は、15対85の割合で負担金を分担する。この場合においては、全州が連帯して一般的な州間の配分比[14]により全体額の35%を負担し、負担の原因となった諸州が全体額の50%を[欧州連合から]受領した金銭の額に比例して負担する。詳細は、連邦参議院の同意を必要とする連邦法律[15]で定める。

第104b条 [重要な投資に係る州に対する財政支援](一部改正)

(1) 連邦は、この基本法が連邦に立法権限を付与している分野において、次に掲げるいずれかの目的のために必要な場合には、州及び市町村（市町村連合[16]）の特別に重要な投資について、州に対して財政支援を行うことができる。

1. 経済全体の均衡が崩れることを防ぐため
2. 連邦領域において格差のある経済力を調整するため
3. 経済成長を促すため

連邦は、第1文の規定にかかわらず、国家の統制が及ばず、国家の財政状況に著しく影響を及ぼす自然災害又は非常事態の場合には、立法権限が付与されていなくても財政支援を行うことができる。

(2) 詳細、特に財政支援の対象となる投資の種類については、連邦参議院の同意を必要とする連邦法律又は連邦予算法に基づく行政協定[17]で定める。当該連邦法律又は行政協定では、財

---

[12] 現金給付には、例えば、連邦奨学金（BAföG）や住居手当（Wohngeld）、親手当（Elterngeld）がある。Bundesministerium der Finanzen, *Bund/Länder-Finanzbeziehungen auf der Grundlage der Finanzverfassung*, 2017, S. 15.

[13] 連邦と州の意見の相違が大きいため、かかる連邦法律は、これまでに制定されていない。Wolff et al., *op.cit.*(2), S. 803.

[14] この配分比をケーニヒシュタイン比率といい、全16州が共同で費用を負担する場合に用いられる各州の負担比率を指す。その3分の2は税収比に基づき、3分の1は人口比に基づく。ケーニヒシュタイン比率の算定は、連邦・各州政府の学術研究担当大臣及び財務大臣から構成される共同学術会議（Gemeinsame Wissenschaftskonferenz）により行われる。Josef Isensee und Paul Kirchhof (Hrsg.), Handbuch des Staatsrechts, Band VI, Heidelberg: C. F. Müller Verlag, 2008, S. 1096.

[15] Gesetz zur Lastentragung im Bund-Länder-Verhältnis bei Verletzung von supernationalen oder völkerrechtlichen Verpflichtungen (Lastentragungsgesetz) vom 5. September 2006 (BGBl. I S. 2098, 2105). Wolff et al., *op.cit.*(2), S. 810.

[16] 市町村連合とは、州と市町村との間にあって、広域的な自治事務を行うための公法上の法人であり、郡（Kreis）等がある。

[17] Grundvereinbarung zwischen dem Bund und den Ländern über die Gewährung von Finanzhilfen des Bundes an die Länder nach Artikel 104a Abs. 4 des Grundgesetzes vom 19. September 1986 (MinBlFin 1986 S. 238).

政支援［金］の使用のための各州プログラムの策定に関する規定を定めることができる。州プログラムの策定の基準は、関係する州と協議して定める。連邦政府は、目的に適った財政支援［金］の使用を確実にするために、［当該州に対して］報告及び文書の提出を要求し、全ての官庁において調査を実施することができる。当該財政支援［金］は期限を付して供与し、その使用について定期的に検査しなければならない。財政支援は、年々逓減する額としなければならない。

(3) ［州は、］連邦議会、連邦政府及び連邦参議院に対し、要求があった場合には、措置の実施及び達成された改善について報告しなければならない。

第104c条　［市町村の教育インフラの分野における重要な投資に係る州に対する財政支援］（新設）

連邦は、財政力の弱い市町村（市町村連合）が地域の教育インフラ[18]の分野において行う国家的に重要な投資について、州に対して財政支援を行うことができる。［この場合には、］第104b条第2項及び第3項の規定を準用する。

第105条　［租税に関する立法権］

(1) 連邦は、関税及び専売制度について排他的に立法を行う。

(2) 連邦は、その他の税について、その租税収入の全部又は一部が連邦に帰属し又は第72条第2項に規定する要件[19]を満たす場合に、競合的に立法を行う。

(2a) 州は、連邦法律において定められている税とは種類が異なる地域の消費税及び奢侈税に関する立法権限を有する。州は、不動産取得税の税率を決定する権限を有する。

(3) その租税収入の全部又は一部が州又は市町村（市町村連合）の収入となる税に関する連邦法律は、連邦参議院の同意を必要とする。

第106条　［租税収入の配分及び専売収入］

(1) 専売の収益及び次に掲げる税の収入は、連邦に帰属する。

1. 関税
2. 消費税、ただし、第2項の規定により州に、第3項の規定により連邦及び州の共同に、並びに第6項の規定により市町村に帰属する場合を除く。
3. 道路貨物輸送税、自動車税及び他の動力による交通手段に係る流通税[20]
4. 資本取引税、保険税及び手形税
5. 一回限りの財産税及び負担調整を実施するために徴収する負担調整税
6. 所得税及び法人税に対する追加的な公課
7. 欧州共同体の公課

(2) 次に掲げる税の収入は、州に帰属する。

1. 財産税
2. 相続税
3. 流通税、ただし、第1項の規定により連邦に、並びに第3項の規定により連邦及び州の共同に帰属する場合を除く。[21]

---

[18] 教育インフラとは、特に校舎の改修が念頭に置かれている。Deutscher Bundestag, *Drucksache* 18/11131, S. 12.
[19] 第72条第2項は、連邦全体において法的及び経済的に統一性のあることが望ましい分野については、連邦が競合的立法権限を有する旨を定めている。
[20] 例えば、航空税等である。
[21] 例えば、不動産取得税等である。

4. ビール税
5. カジノ税

(3) 所得税、法人税及び売上税の収入は、所得税が第5項の規定により及び売上税が第5a項の規定により市町村に配分される場合を除き、連邦及び州に共同に帰属する（共同税）。所得税及び法人税の収入は、連邦及び州に半分ずつ帰属する。連邦及び州への売上税の帰属割合は、連邦参議院の同意を必要とする連邦法律[22]で定める。［当該割合を］決定する際には、次に掲げる原則に基づかなければならない。

1. 連邦及び州は、経常収入の範囲内において、必要な支出への充当を求める請求権を等しく有する。この場合に、支出額は、多年度の財政計画を考慮して算出しなければならない。
2. 連邦及び州の当該充当の要求は、公正な財政調整が実現され、納税義務者の過重な負担が回避され、かつ、連邦領域における生活条件の均一性が保障されるように、相互に調整しなければならない。

売上税の連邦及び州への帰属割合を決定する際には、1996年1月1日以降、所得税法における子の考慮[23]により州に生じた租税収入の減少を追加して算入する。詳細は、第3文に規定する連邦法律で定める。

(4) 連邦及び州の収入と支出の関係にその他の点で重大な展開があった場合には、連邦及び州への売上税の帰属割合を新たに決定しなければならず、この場合には、第3項第5文の規定により売上税の帰属割合の決定に際して追加して算入する租税収入の減少は考慮しない。連邦法律により州に追加的な支出が課された場合又は州の収入が減じる場合には、当該追加負担は、連邦参議院の同意を必要とする連邦法律により、短期間に限定された連邦の交付金で補うこともできる。当該法律においては、交付金額の算定及び交付金の各州への配分の原則を定めなければならない。

(5) 市町村は、所得税収入のうちの取り分を有し、当該取り分は、州が、州内の市町村に対し、その住民の所得税納付額に基づいて配付しなければならない。詳細は、連邦参議院の同意を必要とする連邦法律[24]で定める。当該連邦法律は、市町村が市町村の取り分に係る［所得税の］税率を決定する旨を定めることができる。

(5a) 市町村は、1998年1月1日以降、売上税収入のうちの取り分を有する。当該取り分は、州が地域及び経済力に関係する基準により州内の市町村に配付する。詳細は、連邦参議院の同意を必要とする連邦法律[25]で定める。

(6) 不動産税及び営業税の収入は市町村に帰属し、地域の消費税及び奢侈税の収入は市町村、又は州法で定める基準に従って市町村連合に帰属する。市町村には、法律の範囲内で、不動産税及び営業税の税率を決定する権限が与えられなければならない。州に市町村がない場合には、不動産税及び営業税並びに地域の消費税及び奢侈税の収入は州に帰属する。連邦及び

---

[22] 財政調整法（Gesetz über den Finanzausgleich zwischen Bund und Ländern (Finanzausgleichsgesetz) vom 20. Dezember 2001 (BGBl. I S. 3955, 3956)）第1条
[23] 所得税法において児童手当が定められ、児童を養育する家族は所得税の納税負担が軽減されたことを指す。齋藤純子「ドイツの児童手当と新しい家族政策」『レファレンス』716号, 2010.9, pp.55-56. <http://dl.ndl.go.jp/view/download/digidepo_3050289_po_071603.pdf?contentNo=1>
[24] 市町村財政改革法（Gemeindefinanzreformgesetz in der Fassung der Bekanntmachung vom 10. März 2009 (BGBl. I S. 502)）第1条～第5条　市町村が、市町村に入る分の所得税の税率を定めることができる旨は、これまでに規定されていない。Wolff et al., *op.cit.*(2), S. 830.
[25] 市町村財政改革法第5a条　*ibid.*

州には、営業税の収入［の一部］を割り当てることができる。割当金に関する詳細は、連邦参議院の同意を必要とする連邦法律[26]で定める。州法で定める基準に従って、不動産税及び営業税並びに所得税及び売上税の市町村取り分は、割当額の算定根拠とすることができる。

(7) 共同税の収入総額のうちの州帰属分に州法が定める百分率を乗じた額は、市町村及び市町村連合の収入とする。これに加えて、州法では、州税の収入を市町村（市町村連合）の収入とするか否か、及びいかなる割合をその収入とするかを定める。

(8) 連邦が個別の州又は市町村（市町村連合）において、当該州又は市町村（市町村連合）に直接的に支出の増加又は収入の減少（特別負担）をもたらす特別な施設を誘致する場合において、当該州又は市町村（市町村連合）がこの特別負担を担うことが見込めないときには、連邦は、必要な調整交付金を支払う。第三者からの補償金又は当該施設の効果として州又は市町村（市町村連合）に生じた金銭上の利益は、これを調整交付金の額において考慮する。

(9) 市町村（市町村連合）の収入及び支出も、この条にいう州の収入及び支出とみなす。

第106a条　［近距離公共旅客交通のための連邦補助金］

1996年1月1日以降、近距離公共旅客交通のために、連邦の租税収入から一定額が州に帰属する。詳細は、連邦参議院の同意を必要とする連邦法律[27]で定める。第1文に規定する額は、第107条第2項に規定する財政力の算定の際には考慮しない。

第106b条　［自動車税が州税でなくなったことに対する連邦からの補償金］

2009年7月1日以降、自動車税を［州税から］連邦税に変更した結果として、連邦の租税収入から一定額が州に帰属する。詳細は、連邦参議院の同意を必要とする連邦法律[28]で定める。

第107条　［財政調整及び補充交付金］（一部改正）

(1) 州税の収入並びに所得税及び法人税の収入のうちの州帰属分は、各州の領域内において当該州の財務官庁が徴収した額（納付地収入［örtliches Aufkommen］）が、個々の州に帰属する。［連邦は、］法人税及び賃金税［Lohnsteuer］について、納付地収入の範囲並びに配分の方法及び額に関する詳細を、連邦参議院の同意を必要とする連邦法律[29]で定めなければならない。当該法律では、他の税の納付地収入の範囲及び配分に関する規定も定めることができる。売上税の収入のうちの州帰属分は、第2項の規定を留保して、人口比に応じて各州に帰属する。

(2) ［連邦は、］連邦参議院の同意を必要とする連邦法律[30]で、各州の格差のある財政力が適正に調整されることを確保しなければならず、この際、市町村（市町村連合）の財政力及び財政需要を考慮しなければならない。この目的のために、当該法律で、売上税の収入のうちの州帰属分を各州に配分する際の財政力の増額及び減額を規定しなければならない。当該法律では、［配分額の］増額及び減額の要件並びに増額及び減額の基準を定めなければならない。財政力を算定するために、鉱業法に基づく採掘税［Förderabgabe］は、その収入の一部のみを

---

(26) 市町村財政改革法第6条　*ibid.*, S. 831.
(27) Gesetz zur Regionalisierung des öffentlichen Personennahverkehrs (Regionalisierungsgesetz) vom 27. Dezember 1993 (BGBl. I S. 2378, 2395). *ibid.*, S. 834.
(28) Gesetz zur Regelung der finanziellen Kompensation zugunsten der Länder infolge der Übertragung der Ertragshoheit der Kraftfahrzeugsteuer auf den Bund vom 29. Mai 2009 (BGBl. I S. 1170). *ibid.*, S. 836.
(29) Zerlegungsgesetz vom 6. August 1998 (BGBl. I S. 1998). *ibid.*, S. 838.
(30) 基準法（Gesetz über verfassungskonkretisierende allgemeine Maßstäbe für die Verteilung des Umsatzsteueraufkommens, für den Finanzausgleich unter den Ländern sowie für die Gewährung von Bundesergänzungszuweisungen (Maßstäbegesetz) vom 9. September 2001 (BGBl. I S. 2302)）及び財政調整法。

考慮することができる。当該法律では、連邦が、その財源から給付能力の低い[leistungsschwach][31]州に対して一般的な財政需要に補充的に充てるための交付金（補充交付金）を交付する旨も定めることができる。交付金は、第1文から第3文までに規定する基準にかかわらず、州内の市町村（市町村連合）の租税力が特に乏しい給付能力が低い州に対して（市町村租税力交付金）、及びそれに加えて第91b条に規定する助成金[32]の［全州に対する］割合が人口割合を下回る給付能力の低い州に対しても交付することができる。

第108条　［税務行政］（一部改正）

(1)　関税、輸入売上税その他の連邦法律が定める消費税、2009年7月1日以降の自動車税及び他の動力による交通手段に課されている流通税並びに欧州連合の税は、連邦財務官庁が管理する。当該官庁の機構については、連邦法律[33]で定める。中級官庁を設置する場合には、その長は、州政府の同意を得て任命する。

(2)　他の税は、州財務官庁が管理する。当該官庁の機構及びその公務員の統一的な養成については、連邦参議院の同意を必要とする連邦法律[34]で定めることができる。中級官庁を設置する場合には、その長は、連邦政府と協議して任命する。

(3)　州財務官庁がその全部又は一部が連邦の収入になる税を管理する場合には、当該官庁は、連邦の委託を受けて活動する。第85条第3項及び第4項[35]の規定は、「連邦政府」を「連邦財務大臣」と読み替えて適用する。

(4)　連邦参議院の同意を必要とする連邦法律[36]で、税法の執行がこれにより著しく改善され又は簡便になる場合には、連邦財務官庁と州財務官庁との共同の税の管理、第1項に該当する税について州財務官庁による管理及び他の税について連邦財務官庁による管理を定めることができる。州は、市町村（市町村連合）のみの収入となる税について、州財務官庁が権限を有する管理の全部又は一部を市町村（市町村連合）に委託することができる。*第1文に規定する連邦法律では、連邦と州の協働のために、当該法律で定める多数が同意した場合には、税法の執行に関する規定が全ての州に対して拘束力を有することを定めることができる。*

(4a)　*連邦参議院の同意を必要とする連邦法律[37]で、税法の執行がこれにより著しく改善され又は簡便になる場合には、第2項に該当する税について、諸州の州財務官庁が協力し、又は関係する州と協議して、一又は複数の州の州財務官庁への州の境界を超えた権限の委譲を規定することができる。費用負担については、連邦法律で定めることができる。*

(5)　連邦財務官庁が行う手続は、連邦法律[38]で定める。州財務官庁が行う手続及び第4項第2

---

(31)「給付能力の低い州」とは、売上税の配分に際して配分額の増額を受ける州をいう（改正後基準法第9条）。改正後基準法とは、「2020年以降の財政調整制度に関する規定を定める法律（Gesetz zur Neuregelung des bundesstaatlichen Finanzausgleichssystems ab dem Jahr 2020 und zur Änderung haushaltsrechtlicher Vorschriften vom 14. August 2017 (BGBl. I S. 3122))」の第1章による改正後の基準法である。
(32) 第91b条は、地域を超える意義を有する学術研究を共同任務の対象とする旨を定めている。
(33) Finanzverwaltungsgesetz in der Fassung der Bekanntmachung vom 4. April 2006 (BGBl. I S. 846, 1202). Wolff et al., *op. cit.*(2), S. 844f.
(34) *ibid.*, S. 845.
(35) 第85条は、連邦から州に対して行う任務の委託を定めている。その第3項は、州の官庁は連邦の官庁の指示に従わなければならないこと、第4項は、連邦の官庁が州の官庁による執行を監督することを定めている。
(36) Finanzverwaltungsgesetz in der Fassung der Bekanntmachung vom 4. April 2006 (BGBl. I S. 846, 1202). Wolff et al., *op. cit.*(2), S. 846.
(37) *ibid.*
(38) Abgabenordnung in der Fassung der Bekanntmachung vom 1. Oktober 2002 (BGBl. I S. 3866; 2003 I S. 61). Wolff et al., *op.cit.*(2), S. 847.

文に規定する場合に市町村（市町村連合）が行う手続は、連邦参議院の同意を必要とする連邦法律で定めることができる。
(6) 財政裁判権は、連邦法律[39]で統一的に定める。
(7) 連邦政府は、［税の］管理が州財務官庁又は市町村（市町村連合）の任務である場合には、連邦参議院の同意を得て一般行政規則[40]を制定することができる。

第109条　［連邦及び州の予算運営］

(1) 連邦及び州は、予算運営において、独立し相互に依存しない。
(2) 連邦及び州は、欧州共同体設立条約第104条の規定に基づく欧州共同体の立法から生ずる予算規律の遵守に関するドイツ連邦共和国の義務を共同して履行し、この枠組みにおいて、経済全体の均衡の必要性を考慮する。
(3) 連邦及び州の予算は、原則として起債による収入なしで収支を均衡させなければならない。連邦及び州は、通常とは異なる景気変動の影響を、景気の上昇及び後退のいずれの場合においても等しく考慮に入れるための規定及び国家の統制が及ばず、かつ、国家の財政状況に著しく影響を及ぼす自然災害又は非常緊急事態の場合のための例外規定を設けることができる。例外規定を設ける場合には、債務償還に関する規定を設けなければならない。連邦予算に関する詳細は、起債による収入が名目国内総生産の0.35%を超えないときに第1文に適合するという基準に従って、第115条で定める。州の予算に関する詳細は、起債によるいかなる収入も許されないとする場合にのみ第1文に適合するという基準に従って、州がその憲法上の権限の範囲内で定める。
(4) 連邦参議院の同意を必要とする連邦法律[41]で、予算法、景気変動に応じた予算運営及び多年度財政計画に関して、連邦及び州に対し共通に適用される原則を定めることができる。
(5) 欧州共同体設立条約第104条の規定と関連する、財政規律の遵守に関する欧州共同体の制裁措置は、連邦と州が65対35の割合で負担する。州に割り当てられる負担の35%は、州の住民数に応じて諸州全体が連帯して負担し、州に割り当てられる負担の65%は、諸州が負担の原因となった程度に応じて負担する。詳細は、連邦参議院の同意を必要とする連邦法律[42]で定める。

第109a条　［財政非常事態］（一部改正）

(1) 財政非常事態[43]を回避するため、連邦参議院の同意を必要とする連邦法律[44]で、次の事項を定める。
　1. 連邦及び州の財政運営に対する、共同の会議体（財政安定化評議会［Stabilitätsrat］）によ

---

(39) Finanzgerichtsordnung in der Fassung der Bekanntmachung vom 28. März 2001 (BGBl. I S. 442, 2262; 2002 I S. 679). *ibid.*, S. 847f.
(40) 例えば、Einkommensteuer-Richtlinien 2005 (EStR 2005) vom 16. Dezember 2005 (BStBl. I Sondernummer 1/2005 S. 3) がある。*ibid.*, S. 848.
(41) Gesetz über die Grundsätze des Haushaltsrechts des Bundes und der Länder (Haushaltsgrundsätzegesetz - HGrG) vom 19. August 1969 (BGBl. I S. 1273). *ibid.*, S. 854f.
(42) Gesetz zur innerstaatlichen Aufteilung von Sanktionszahlungen zur Sicherstellung der Haushaltsdisziplin in der Europäischen Union (Sanktionszahlungs-Aufteilungsgesetz - SZAG) vom 5. September 2006 (BGBl. I S. 2098, 2104). *ibid.*, S. 856.
(43) 財政非常事態（Haushaltsnotlagen）とは、長期的に見て、経常経費を、借入れを毎年増やしていくことによってのみ賄うことができるような予算の状況をいう。Andreas Burth et al., *Lexikon der öffentlichen Haushalts- und Finanzwirtschaft*, Taunusstein: Driesen, 2012, S. 184.
(44) Gesetz zur Errichtung eines Stabilitätsrates und zur Vermeidung von Haushaltsnotlagen (Stabilitätsratsgesetz) vom 10. August 2009 (BGBl. I S. 2702). Wolff et al., *op.cit.*(2), 857.

る継続的な監視
　2. 財政非常事態が差し迫っていることを確定するための要件及び手続
　3. 財政非常事態を回避するための再建プログラムの立案及び実施のための諸原則

(2) 財政安定化評議会は、2020年以降、連邦及び州による第109条第3項の準則の遵守を監視する義務を負う。監視は、欧州連合の機能に関する条約に基づく財政規律の遵守に関する法令による準則及び手続に従って行う。

(3) 財政安定化評議会の議決及びその基礎となった審議資料は、公表されなければならない。

第110条～第113条（略）

第114条 ［会計検査及び連邦会計検査院］（一部改正）

(1) 連邦財務大臣は、連邦政府の責任を免除するために、次会計年度中に全ての収入及び支出並びに資産及び負債について、連邦議会及び連邦参議院に対して決算書を提出しなければならない。

(2) その構成員が裁判官的独立性を有する連邦会計検査院は、連邦の決算書並びに財政運営及び経済運営の経済性及び合法性を検査する。連邦会計検査院は、第1文に規定する検査の目的で、連邦の行政機関以外の官署においても調査を実施することができ、これは、連邦が州の任務遂行のために目的が限定された財政資金を州に交付する場合にも適用される[45]。連邦会計検査院は、連邦政府のほか、連邦議会及び連邦参議院に対しても毎年、直接報告を行わなければならない。その他の場合、連邦会計検査院の権限は、連邦法律[46]で定める。

第115条（略）

第10a章　防衛事態（略）

第11章　経過規定及び末尾規定

第116条～第125b条（略）

第125c条 ［市町村の公共交通資金調達及び社会住宅助成に関する連邦の法令に関する経過規定］（一部改正）

(1) 2006年9月1日まで効力を有していた文言による第91a条第1項第1号[47]と関連して同条第2項の規定に基づき制定された法令は、2006年12月31日まで引き続き効力を有する。

(2) 市町村の公共交通のための資金調達及び社会住宅助成の分野において、2006年9月1日まで効力を有していた文言による第104a条第4項[48]の規定に基づいて定められた規定は、2006年12月31日まで引き続き効力を有する。市町村の公共交通の資金調達の分野において市町村公共交通資金調達法[49]第6条第1項に規定する特別なプログラムのために定めら

---

[45] 連邦会計検査院は、州の官庁においても会計検査を実施することができるようになった。*ibid.*, S. 869.
[46] Gesetz über den Bundesrechnungshof (Bundesrechnungshofgesetz - BRHG) vom 11. Juli 1985 (BGBl. I S. 1445). *ibid.*, S. 868f.
[47] 2006年末まで効力を有していた第91a条第1項第1号は、大学及び学科の新設等の分野における連邦と州の共同任務を定めていた。
[48] 2006年末まで効力を有していた第104a条第4項は、重要な投資に係る州に対する財政支援に関する規定であり、2006年の基本法改正（BGBl. I S. 2034）において第104b条に繰り下げられ、財政支援の効果がさらに高まるよう要件が厳格化された。Wolff et al., *op.cit.*(2), S. 805.
[49] Gemeindeverkehrsfinanzierungsgesetz in der Fassung der Bekanntmachung vom 28. Januar 1988 (BGBl. I S. 100).

れた規定並びに 2006 年 9 月 1 日まで効力を有していた文言による第 104a 条第 4 項に基づき制定された、基本法第 104a 条第 4 項に基づくブレーメン州、ハンブルク州、メクレンブルク・フォアポメルン州、ニーダーザクセン州及びシュレスヴィヒ・ホルシュタイン州に対する港湾に係る連邦の財政支援に関する 2001 年 12 月 20 日の法律(50)*で定められた規定は、廃止されるまで引き続き効力を有する。市町村公共交通資金調達法は、2025 年 1 月 1 日以降、連邦法律により改正することができる。2006 年 9 月 1 日まで効力を有していた文言による第 104a 条第 4 項に基づき定められた他の規定は、2019 年 12 月 31 日より前の失効日が既に定められ又は定められる場合を除き、2019 年 12 月 31 日まで引き続き効力を有する。*

第 126 条～第 143c 条（略）

第 143d 条　［財政強化支援に関する経過規定］（一部改正）

(1)　2009 年 7 月 31 日まで効力を有していた文言による第 109 条及び第 115 条の規定は、2010 会計年度まで適用される。2009 年 8 月 1 日から効力を有する文言による第 109 条及び第 115 条の規定は、2011 会計年度以降に適用されるが、設置済みの特別財産に係る 2010 年 12 月 31 日における既存の起債権限は、影響を受けない。州は、2011 年 1 月 1 日から 2019 年 12 月 31 日までの期間においては、効力を有する州法上の規定の基準に従って、第 109 条第 3 項の準則から逸脱することが許される。州の予算は、2020 会計年度において第 109 条第 3 項第 5 文の準則を満たすよう編成されなければならない。連邦は、2011 年 1 月 1 日から 2015 年 12 月 31 日までの期間においては、第 115 条第 2 項第 2 文の準則から逸脱することができる。既存の赤字の解消は、2011 会計年度から開始するものとする。毎年度の予算は、2016 会計年度において第 115 条第 2 項第 2 文の準則が満たされるよう編成されなければならず、詳細は、連邦法律で定める。

(2)　第 109 条第 3 項の準則を 2020 年 1 月 1 日以降遵守することに対する支援として、ベルリン州、ブレーメン州、ザールラント州、ザクセン・アンハルト州及びシュレスヴィヒ・ホルシュタイン州に対して、2011 年から 2019 年までの期間について、連邦予算から毎年総額 8 億ユーロ(51)の財政強化支援を供与することができる。このうちブレーメン州に 3 億ユーロ、ザールラント州に 2 億 6000 万ユーロ並びにベルリン州、ザクセン・アンハルト州及びシュレスヴィヒ・ホルシュタイン州にそれぞれ 8000 万ユーロが配分される。当該支援は、連邦参議院の同意を得た連邦法律(52)で定める基準に従った行政協定に基づいて行われる。支援の措置は、2020 年末までに財政赤字を完全に解消することを前提とする。詳細、特に財政赤字解消の年次計画、財政安定化評議会による財政赤字解消の監視及び解消計画を遵守しない場合の効果は、連邦参議院の同意を得た連邦法律(53)及び行政協定で定める。財政強化支援及び極度の財政非常事態を理由とした財政再建支援を同時に供与することはできない。

(3)　財政強化支援の供与から生じる財政負担は、連邦と州が折半し、州はその売上税の帰属分から負担する。詳細は、連邦参議院の同意を得た連邦法律(54)で定める。

---

(50) Gesetz über Finanzhilfen des Bundes nach Artikel 104a Abs. 4 des Grundgesetzes an die Länder Bremen, Hamburg, Mecklenburg-Vorpommern, Niedersachsen sowie Schleswig-Holstein für Seehäfen vom 20. Dezember 2001 (BGBl. I S. 3955, 3962).
(51) 1 ユーロは約 131 円（平成 30 年 11 月分報告省令レート）。
(52) Gesetz zur Gewährung von Konsolidierungshilfen (Konsolidierungshilfengesetz - KonsHilfG) vom 10. August 2009 (BGBl. I S. 2702, 2705). Wolff et al., *op.cit.*(2), S. 957f.
(53) *ibid.*
(54) 財政調整法第 1 条 *ibid.*, S. 958.

(4)　連邦は、ブレーメン州及びザールラント州が第109条第3項の準則を将来独力で遵守するための支援として、2020年1月1日以降、連邦の予算から、両州に対して毎年総額8億ユーロの財政再建支援を供与することができる。両州は、これに対して、過剰な債務を削減し、経済力及び財政力を強化するための措置を講ずる。詳細は、連邦参議院の同意を必要とする連邦法律[55]で定める。財政再建支援及び極度の財政非常事態を理由とした財政再建支援を同時に供与することはできない。

第143e条　［連邦高速道路及び他の連邦長距離道路の管理を州への委託事務から連邦事務とすることに伴う経過規定］（新設）

(1)　連邦高速道路は、第90条第2項の規定にかかわらず、最長でも2020年12月31日まで、州により又は州法に基づく所管の自治団体により、連邦からの委託事務として管理される。連邦は、連邦参議院の同意を得た連邦法律[56]で、委託事務の第90条第2項及び第4項に規定する連邦事務への変更を定める。

(2)　連邦は、第90条第4項の規定にかかわらず、州が2018年12月31日までに要請した場合には、当該州の領域内にある他の連邦長距離道路［の管理］を、2021年1月1日をもって連邦事務として引き受ける。

第143f条　［基本法第143d条、財政調整法及び基本法第107条第2項の規定により制定された他の法律の条件付き失効］（新設）

　　第143d条、連邦と州の間の財政調整に関する法律及び2020年1月1日以降に効力を有する文言による第107条第2項に基づいて制定された他の法律は、2031年1月1日以降に連邦政府、連邦議会又は3以上の州が共同で連邦国家の財政調整制度の再編に関する交渉を要求し、連邦政府、連邦議会又は当該諸州が交渉を要求した旨の連邦大統領への通知［Notifikation］から5年経過後に連邦国家の財政調整制度を再編するための法律が施行されていない場合には、失効する。失効の日は、連邦法律公報において公示しなければならない。

第143g条　［基本法第107条の適用］（新設）

　　租税収入の配分、州間財政調整及び連邦補充交付金については、2017年7月13日の基本法改正法律の施行まで効力を有していた文言による第107条の規定を、2019年12月31日まで引き続き適用しなければならない。

第144条～第146条（略）

（わたなべ　ふくこ）

---

(55) Sanierungshilfengesetz vom 14. August 2017 (BGBl. I S. 3126).
(56) Gesetz zu Überleitungsregelungen zum Infrastrukturgesellschaftserrichtungsgesetz und zum Fernstraßen-Bundesamt-Errichtungsgesetz sowie steuerliche Vorschriften (Fernstraßen-Überleitungsgesetz - FernstrÜG) vom 14. August 2017 (BGBl. I S. 3122, 3144). Wolff et al., *op.cit.*(2), S. 959.

ドイツのSNS法
—インターネット上の違法なコンテンツ対策—

国立国会図書館　調査及び立法考査局
国土交通課　神足　祐太郎

目　次

はじめに
Ⅰ　ネット上の違法コンテンツ対策とSNS法制定の経緯
　1　違法コンテンツ対策―媒介者の責任の観点から―
　2　SNS法制定の経緯
Ⅱ　SNS法の概要
　1　対象と範囲
　2　報告義務
　3　苦情処理手続の策定義務
　4　過料
　5　国内の送達受取人等の指名義務
おわりに
翻訳：ソーシャルネットワークにおける法執行の強化に関する法律（ネットワーク法執行法-NetzDG -）

キーワード：ネットワーク法執行法、プロバイダ責任制限法、ヘイトスピーチ、フェイクニュース、SNS、違法コンテンツ

要　旨

　ドイツでは、「ソーシャルネットワーク（SNS）における法執行の強化に関する法律」（以下「SNS法」という。）が2017年9月7日に公布され、同年10月1日施行された。これまで、インターネット上の違法情報について、プロバイダ等の事業者（SNS事業者を含む。）には一定の条件下で免責が与えられ、自主的な対応が求められてきた。ドイツでは、インターネット上のヘイトスピーチの問題等につき、更なる対策が求められたことが、SNS法の制定につながった。同法は、インターネット上の違法なコンテンツ対策のため、SNS事業者に対して、一定の違法なコンテンツに係る苦情への対応手続策定及び苦情への対応に係る報告書の作成・公表の義務を課すものである。また、ドイツ国内における法的手続のための担当者等の任命も義務付けられた。こうした義務への違反に対しては、最大で5000万ユーロ（約65億円）の過料が科され得る。本稿では、SNS法の概要を紹介し、併せて同法の全文を訳出する。

はじめに

　ドイツでは、「ソーシャルネットワーク（SNS）における法執行の強化に関する法律」（以下「SNS法」という。）[1]が2017年9月7日に公布され、同年10月1日施行された。同法は、インターネット上の違法なコンテンツ[2]対策のため、ソーシャルネットワーク事業者に対して、一定の違法情報に関する苦情対応手続の策定等を義務付けるものである。本稿では、SNS法制定の経緯及び内容を紹介し、あわせて、SNS法を訳出する[3]。

I　ネット上の違法コンテンツ対策とSNS法制定の経緯

　SNS法は、プロバイダ等が媒介する違法情報に関する法的責任の免除とその下での自主規制というこれまでの枠組みを超えて、違法情報への対策強化のための具体的な義務を課すものである。以下、ネット上の違法情報対策における媒介者の役割を整理し、同法制定の経緯をたどる。

＊　本稿におけるインターネット情報最終アクセス日は、2018年10月30日である。なお、本稿の執筆に先立ち、筆者は2018年3月下旬に、ベルリン（ドイツ）等において、「SNSにおける法執行の強化に関する法律」（「SNS法」）等に関連する各機関（連邦司法消費者保護省、連邦議会調査局、青少年保護委員会）を訪問する機会を得た。また、情報法制学会第1回研究大会（2017年12月16日）における實原隆志福岡大学教授の報告「ドイツのSNS法」からも示唆を得た。この場を借りてお世話になった方々に御礼を申し上げる。

[1]　Netzwerkdurchsetzungsgesetz vom 1. September 2017 (BGBl. I S. 3352). <https://www.gesetze-im-internet.de/netzdg/BJNR335210017.html> 略称として、ネットワーク執行法、NetzDG、Facebook法なども使われる。

[2]　本稿では、違法ないし違法であると考えられる情報を「違法情報」、SNS法の定義（後述）に従った一定の範囲の違法情報を「違法なコンテンツ」という。

[3]　同法をめぐる議論の内容については、神足祐太郎「ドイツのSNS法」『調査と情報―ISSUE BRIEF―』1019号, 2018.10.18. <http://dl.ndl.go.jp/view/download/digidepo_11169747_po_IB1019.pdf?contentNo=1>（本稿の内容と一部重複する。）; 鈴木秀美「インターネット上のヘイトスピーチと表現の自由―ドイツのSNS対策法をめぐって―」工藤達朗ほか編『憲法学の創造的展開―戸波江二先生古稀記念―　上巻』信山社, 2017, pp.577-599; 實原隆志「ドイツのSNS法―オーバーブロッキングの危険性について―」『情報法制研究』4号, 2018.11, pp.46-56. を参照。

1　違法コンテンツ対策―媒介者の責任の観点から―

　プロバイダ、SNS事業者等の媒介者[4]は、ネット上の情報流通において大きな役割を果たしており、違法情報に対して直接的・迅速な対応を採りうる立場にある。他方で、過重な責務を課せば、媒介者の経営に過度の負荷がかかり、情報の流通、事業の発展に対し、深刻な影響を与えることにもつながる。そこで、日本、欧州等では、媒介者に対して、違法情報を知った場合に削除等の措置を採ること等、一定の条件のもとで免責を与える制度が採用されている[5]。各事業者による違法情報の削除等の対応はそうした免責制度の下で行われており、換言すれば、免責制度によって自主規制を促進するという枠組みが構築されていると捉えることができる[6]。

　ドイツでも、従来「テレメディア法」[7]第10条において、①違法な行為・情報に関する認識を有さず、それらが明白となる事実・状況の認識がないこと、②違法な情報に関する認識を得た場合に直ちに削除等の措置を採ることを要件として、他者の情報を保存する媒介者の免責を認めてきた。

2　SNS法制定の経緯
(1)　ネット上のヘイトスピーチ問題

　ドイツにおいて新たにSNS法を制定する理由として第一に挙げられていたのが、ネット上のヘイトスピーチ[8]その他の犯罪行為への規制強化である[9]。法案説明資料は、ヘイトスピーチその他の犯罪に効果的に対処できなければ、自由で開かれた民主主義社会の平和的共存に対する大きな脅威となると指摘している[10]。連邦司法消費者保護省は、2015年9月、ネット関係企業、関連団体らとともに、ネット上のヘイトスピーチに対するタスクフォースを結成し、違法コンテンツを遅滞なく（24時間以内に）削除することを含む共同対応方針の公表（同年12月）等の対応を採ってきた[11]。

　しかし、2017年3月に行われた、各種SNS（Facebook, Twitter, YouTube）上におけるヘイトスピーチの削除率に関する実態調査では、YouTubeでは、一般ユーザーの通報に基づき24時間

---

[4] 今日のインターネット上では、通信事業者、プロバイダ、検索事業者等、情報流通の「媒介者」（Intermediary）が「表現の自由のインフラストラクチャ」としての役割を担っている一方、表現に対する規制と監視をも担い得ることが指摘され、情報法学等の分野で注目されている（成原慧『表現の自由とアーキテクチャ―情報社会における自由と規制の再構成―』勁草書房, 2016, p.6.）。

[5] 日本では、「特定電気通信役務提供者の損害賠償責任の制限及び発信者情報の開示に関する法律」（平成13年法律第137号。「プロバイダ責任制限法」）による。概要については、神足祐太郎「権利侵害とプロバイダの責任―インターネット上の名誉毀損への対応―」『調査と情報―ISSUE BRIEF―』919号, 2016.8.25, pp.5-6. <http://dl.ndl.go.jp/view/download/digidepo_10189094_po_0919.pdf?contentNo=1> も参照。

[6] 生貝直人『情報社会と共同規制―インターネット政策の国際比較制度研究―』勁草書房, 2011, p.33.

[7] Telemediengesetz vom 26. Februar 2007 (BGBl. I S. 179). <https://www.gesetze-im-internet.de/tmg/BJNR017910007.html>

[8] ドイツのヘイトスピーチ規制については、小笠原美喜「米英独仏におけるヘイトスピーチ規制」『レファレンス』784号, 2016.5, pp.29-43. <http://dl.ndl.go.jp/view/download/digidepo_9977281_po_078402.pdf?contentNo=1> 等を参照。なお、日本においては、差別的表現が特定の個人・団体に向けられた場合には、名誉毀損罪等に該当する可能性があるが、ある属性（国籍、民族、性別など）を持った集団に向けられた表現については、現行法上規制は難しいとされる（小倉一志「インターネット上の差別的表現・ヘイトスピーチ」松井茂記ほか編『インターネット法』有斐閣, 2015, p.164.）。

[9] Deutscher Bundestag, *Drucksache*, 18/12356, S.1. <https://dipbt.bundestag.de/doc/btd/18/123/1812356.pdf>

[10] ibid.

[11] „Die Initiative gegen Hasskriminät im Netz." Bundesministerium der Justiz und für Verbraucherschutz website <https://www.fair-im-netz.de/WebS/NHS/DE/Home/home_node.html>

以内に民衆扇動罪[12]等に当たるコンテンツの90%を削除できていたものの、Facebookでは当該コンテンツの39%、Twitterでは1%の削除に留まった[13]。

(2) フェイクニュースへの対応

　法案説明資料では、米国大統領選挙キャンペーン[14]において得られた知見を基に、「フェイクニュース」[15]への対応も重視されるとしている[16]。同法が、フェイクニュース対策のための法律とも報じられた所以である。

　ドイツでは2016年にも、シリア難民の男性がアンゲラ・メルケル（Angela Merkel）首相と撮影した写真に、当該男性がテロ事件の犯人であるとの誤った説明を付されて、フェイスブック上で拡散されるという事件が発生している[17]。

(3) 立法過程

　このように、ネット上のヘイトスピーチ等が問題となり、また、2017年9月の連邦議会選挙を前に、与党会派が連邦司法消費者保護大臣に対策を講じるように迫っていた[18]。同年3月14日には、連邦司法消費者保護省の草案（Referentenentwurf）が公表され、4月5日に連邦政府法律案が閣議決定された。

　速やかな成立のため、連邦政府案と同内容の連立与党案が5月16日に連邦議会に提出され[19]、委員会提案による修正を経て、2017年6月30日に可決された。修正法案は、7月7日に

---

(12) いわゆるヘイトスピーチを規制するものである。公共の平穏を乱し得るような態様で、国籍等によって特定される集団等に、暴力的又は恣意的な措置を誘発する者等を罰する。（小笠原　前掲注(8), pp.37-39.）

(13) 調査の実施主体は、Jugendschutz.net（ネット上の青少年保護に関係する機関）である。民衆扇動罪等にあたるコンテンツを①一般ユーザーとして通報、②認証ユーザーとして通報、③電子メールで直接連絡の3段階で報告し、各SNSの削除率を調査した。同様の調査は、2016年にも行われている。Judgendschutz.net, „Löschung rechtswidriger Hassbeiträge bei Facebook, YouTube und Twitter," 2017.3.14. Bundesministerium der Justiz und für Verbraucherschutz website <https://www.fair-im-netz.de/WebS/NHS/SharedDocs/Downloads/DE/03142017_Monitoring_jugendschutz.net.pdf?__blob=publicationFile&v=3>; Deutscher Bundestag, op.cit.(9), S.1-2.

(14) 2016年の米国大統領選の際には、SNS上で「ローマ法王がトランプ候補を支持」、「児童性愛者の地下組織にクリントン候補が関与している」といった虚偽の情報（フェイクニュース）が拡散し、選挙結果に影響を与えたのではないか、という議論が起こった（平和博『信じてはいけない―民主主義を壊すフェイクニュースの正体―』朝日新聞出版, 2017, pp.14-18, 36-38.）。

(15) 直訳すれば「偽のニュース」を意味する。場合によっては、誤報、パロディを指すほか、敵対的な報道に対する攻撃にも用いられる多義的な言葉だが、「読者を誤解させ又は影響を与えることを目的としたコンテンツ」などと定義される。一般的に、虚偽であることそのものは違法ではないが、名誉毀損等に該当する可能性もある。(Claire Wardle "Fake News. It's complicated," 2017.2.16. First Draft website <https://firstdraftnews.org/fake-news-complicated/>; "Online Information and Fake News," POST Note, No.559, 2017.7 <http://researchbriefings.files.parliament.uk/documents/POST-PN-0559/POST-PN-0559.pdf>; 鈴木　前掲注(3), p.584.）

(16) Deutscher Bundestag, op.cit.(9)

(17) 鈴木　前掲注(3), pp.579-580. 近年欧州では、外国勢力からの虚偽の情報を通じた政治への介入が問題視されている（Naja Bentzen, "Foreign influence operations in the EU," 2018.7. European Parliament website <http://www.europarl.europa.eu/RegData/etudes/BRIE/2018/625123/EPRS_BRI(2018)625123_EN.pdf>）。ドイツ国内でも、2016年に発生した「リサ事件」が大きな運動に発展した。2016年1月にロシア系ドイツ人の少女が、誘拐されアラブ系移民による強姦被害にあったとロシア系メディアが報じた。後に少女自身が、誘拐・強姦は虚偽であったと証言したが、デモ、さらにはロシアのセルゲイ・ラブロフ（Sergej Lavrov）外務大臣によるドイツ警察等に対する懸念の発表につながった。(Stefan Meister, "The "Lisa case": Germany as a target of Russian disinformation," NATO Review Magazine, [2017.7.25]. <https://www.nato.int/docu/review/2016/also-in-2016/lisa-case-germany-target-russian-disinformation/EN/index.htm>; Marius Mortsiefer, "The German Battle With Fake News," Readings: Eastern Europe and Beyond, No.1, 2018.4.16. <http://www.eesc.lt/uploads/news/id1059/Readings%202018%201.pdf>）。

(18) 経緯について、鈴木　前掲注(3), pp.580-582 を参照した。

(19) ドイツ基本法第76条第2項では、連邦政府提出法案は、まず、連邦参議院に送付され、連邦参議院は、原則6週間以内に態度を決定するものとされている。連立与党は、この態度決定手続を迂回するため、同内容の与党案を連邦議会に提出した。(鈴木秀美「ドイツのSNS対策法と表現の自由」『メディア・コミュニケーション』68号, 2018, p.3. <http://www.mediacom.keio.ac.jp/wp/wp-content/uploads/2018/04/4338829378f9b93f524fb8aeb862933b.pdf>）

連邦参議院を通過しSNS法は成立した。9月1日に連邦大統領による認証が行われ、9月7日に公布された。

SNS法は、全6条からなる同法の制定の他、テレメディア法[20]の改正と2017年10月1日の施行を規定する。施行後、法律に定められた経過期間を経て、2018年1月から本格実施に移されている。

Ⅱ　SNS法の概要

SNS法は、一定の規模を有するSNS事業者に対し、特定の違法情報への苦情処理手続の策定、対応に関する報告書の作成・公開等を義務付けるものである。違反に対する過料は高額に及ぶ場合もあるとされる。以下では、同法の概要を紹介する。

1　対象と範囲

（1）対象となるSNS事業者

対象となる事業者は、国内の利用登録者[21]が200万人以上の一般SNS事業者である。音楽に限定されたもの、職業紹介SNS等、特定のコンテンツに限定されたSNSは対象とならない[22]。事業者自らが責任を負っているジャーナリズム的編集を経たプラットフォームもSNSの定義から除かれている。（第1条第1項及び第2項）

（2）違法なコンテンツの範囲

SNS法で対応を義務付けられる「違法なコンテンツ」は、第1条第3項に掲げられた刑法典上の犯罪[23]の構成要件に該当するものであって、かつ違法性が阻却されないものをいう。したがって、刑法典上違法とならない情報（一部のフェイクニュース[24]等）は、同法の対象外ということになる。

---

(20) *op.cit.*(7) テレメディア法第14条に第3項から第5項までを追加するものであり、違法なコンテンツによる権利侵害に関連した私法上の手続のための個人データの開示について規定している。

(21) 法案では当初、利用者数とされていたが、利用者の指す範囲が曖昧であることなどが指摘され、利用登録者に修正された（Bernd Holznagel, „Stellungnahme zum Entwurf Eines Gesetzes Zur Verbesserung Der Rechtsdurchsetzung In Sozialen Netzwerken Bundestags-Drucksache 18/12356," 2017.6.17. Deutscher Bundestag website, S.2. <https://www.bundestag.de/blob/510884/f1b4c089c611b0dadf00a367407a462d/holznagel-data.pdf>; Deutscher Bundestag, Drucksache, 18/13013, S.19. <http://dip21.bundestag.de/dip21/btd/18/130/1813013.pdf>）。

(22) オンラインゲームに交流機能が付いたものについて、連邦司法消費者保護省担当者からは、現時点では対象ではないとの見解が示された一方、規制に関する議論があることが紹介された。

(23) 対象となるのは、刑法典第86条（違憲組織（ナチス等）のプロパガンダの制作・頒布）、第86a条（違憲組織のシンボルの頒布、公然使用）、第89a条（国家を脅かす暴力行為の準備）、第91条（第89a条の罪を文書によりそそのかすこと）、第100a条（国家反逆的な事実の歪曲）、第111条（犯罪の扇動）、第126条（犯罪行為を実行するという脅迫により公共の平穏を乱すこと）、第129条から第129b条まで（犯罪組織及びテロ組織の結成等）、第130条（民衆扇動。ヘイトスピーチやナチスの暴力的支配の賛美等）、第131条（暴力表現）、第140条（犯罪行為への報酬の支払等）、第166条（他者の宗教観・世界観の誹謗）、第184d条に関連する第184b条（ポルノの放送等）、第185条から第187条まで（名誉毀損的表現）、第201a条（盗撮等高度に私的な領域の撮影）、第241条（脅迫）又は第269条（法律行為の証拠となるデータの偽造）である。

(24) 違法情報に該当するフェイクニュースとしては、名誉毀損的表現（刑法典第187条（中傷）等）が代表的なものである。しかし、フェイクニュース対策として期待される成果は少ないとするものもある。（Bernd Holznagel, „Phänomen „Fake News"- Was ist zu tun?" *Multimedia und Recht*, 21(1), 2018, p.21.）

2　報告義務

違法なコンテンツへの対応に関する報告を義務付けられるのは、年間100件を超える苦情を受けたSNS事業者である（第2条第1項）。該当するSNS事業者は、半年に1度、報告書をドイツ語で作成し、連邦官報及び自社のウェブサイトで公開しなければならない（当該期間終了から1か月以内）。報告書には、①犯罪行為の防止のために行う取組の説明、②苦情送信の仕組み及び違法なコンテンツの削除等に係る判断基準、③報告期間中に受信した苦情数、④対応する組織及び人員への訓練体制等、⑤業界団体への加盟状況、⑥判断のために外部に相談した件数、⑦削除等に至った件数、⑧苦情の到達から削除等に至るまでの時間、⑨申立人及び利用者に対する判断の通知の措置を記さなければならない（第2条第2項）。

3　苦情処理手続の策定義務

SNS事業者には、違法なコンテンツに関する苦情を送信するための方法を利用者に提供するとともに、苦情処理手続を策定することが義務付けられる（第3条）。

なお、過料規定においては、地理的限定（ドイツ国内居住者等からのもの）（第4条第1項第2号）があり、国外利用者からの苦情の受付は求められていない[25]。

(1)　手続において実施されるべき内容

苦情処理手続においては、以下のことが実施される必要がある。まず、遅滞なく苦情を認識し、当該コンテンツの違法性及び削除等を行う必要性について審査することである（第3条第2項第1号）。次に、当該情報が明らかに違法である場合には、これを24時間以内に削除することが求められる（同項第2号）。それ以外の場合であっても、違法なコンテンツは原則として7日以内に削除される必要がある（同項第3号）。ただし、主張されている事実の真実性が違法性の判断に関係する場合[26]や規制された自主規制機関（後述）の判断に委ねる場合はこの限りではない（同）。

削除を行った場合には、苦情の申立人及び苦情対象となったコンテンツの発信者に決定の事実及びその理由を伝えることとされている（同項第5号）。また、削除等の措置が採られたコンテンツを証拠保全のため10週間保存することも求められている（同項第4号）。

なお、法案段階では、苦情のあった違法なコンテンツについてSNS上にある全ての複製を遅滞なく削除することが求められていたが、委員会審査段階で、当該コンテンツが投稿された文脈を考慮して複製に当たるか否かを事業者が判断することは困難であること等[27]を理由として当該条項は削除された[28]。

---

[25] 苦情処理手続につきドイツ語以外による受付が排除されているわけではなく、例えば、苦情処理に関する日本語版のページが置かれている事業者もある（筆者の連邦司法消費者保護省における聞き取りによる。例として、「ネットワーク執行法（「NetzDG」）」Facebookウェブサイト <https://ja-jp.facebook.com/help/285230728652028>）。

[26] 委員会審査段階で盛り込まれた規定であり、この場合、利用者に意見を述べる機会を与えることができるものとされている。例えば、刑法典第186条（悪評の流布）は、主張された事実が証明可能な程度に真実ではないことを要件としている。こうした罪に該当すると主張されている場合には、主張の真偽や背景の確認に時間を要する。

[27] また、EU電子商取引指令（Directive 2000/31/EC of the European Parliament and of the Council of 8 June 2000 on certain legal aspects of information society services, in particular electronic commerce, in the Internal Market (Directive on electronic commerce).）第14条において、サービス利用者により提供された情報を蓄積するサービス（ホスティング）について、その提供者が違法な情報に関する知識を有さない場合には免責されると定められていることに反するという懸念もある。

[28] Deutscher Bundestag, *op.cit.*(21), S.22.

(2) 規制された自主規制機関

　規制された自主規制とは、法規制により事業者の自主規制を促進する手段ないし、自主規制の枠組みを決定する手段である。こうした手法は、共同規制（民間の自主規制に対して一定の公的コントロールに基づき規制する手段）とも言われる[29]。過剰削除（オーバーブロッキング）を懸念するドイツ弁護士協会（Deutscher Anwaltverein）により提案されたもので、委員会審査段階で盛り込まれた[30]。

　具体的には、違法性を審査する者の独立性及び専門性が保証されていること等の要件を満たす自主規制機関を連邦司法庁が認定する（第3条第6項から第8項まで）。そして、当該機関に削除等に係る判断を委ね、これに従う場合には、上述の削除期限（7日間）を超えることが許される（同条第1項第3号b）。

4　過料

　SNS法による報告義務及び苦情処理手続の策定義務等に反した事業者等には、秩序違反として過料が科せられる。法人に対する過料は最大で5000万ユーロ（約65億円[31]）（秩序違反法[32]第30条の規定の適用による）である（第4条2項）。ただし、苦情処理手続において保証されるべき事項について不備があったり、その運用について体制上の問題があったりする場合が対象であって、個別のコンテンツを削除しなかったことをもって過料が課されるわけではない[33]。

　2018年3月には同法の過料に関するガイドラインが公表され、過料の原則や事業者の規模、違反した条項と違反の度合いによる過料の算定基準等が示されている[34]。

5　国内の送達受取人等の指名義務

　SNS事業者については、司法や被害者に対応する責任ある担当者等がドイツ国内に存在しないことがSNS上における法の執行上の主要課題の一つであると考えられていた[35]。これに対応するため、SNS事業者は、ドイツ国内における法的手続のために、責任者ないし窓口となる

---

[29] 生貝　前掲注(6), p.2. 詳細は同書を参照。ただし、共同規制が「多義的」であるのに対し、規制された自主規制はより包括的な概念と相違を指摘するものもある（杉原周治「青少年メディア保護州際協定における「規制された自主規制」」ドイツ憲法判例研究会編『憲法の規範力と行政』（講座　憲法の規範力5巻）信山社, 2017, pp.245-246.）。ドイツにおけるほかの導入例について以下を参照。鈴木秀美「メディア融合時代の青少年保護―ドイツの動向―」『メディア・コミュニケーション』61号, 2011.3, pp.25-26. <http://koara.lib.keio.ac.jp/xoonips/modules/xoonips/download.php/AA1121824X-20110300-0021.pdf?file_id=114902>

[30] Deutscher Bundestag, Wissenschaftliche Dienste, *Entwurf eines Netzwerkdurchsetzungsgesetzes: Vereinbarkeit mit der Meinungsfreiheit*, WD 10-3000-040/17, S.11. <https://www.bundestag.de/blob/517612/1aa3b04546f84e9b795bf22e5d2cda8a/wd-10-040-17-pdf-data.pdf>

[31] 1ユーロは約131円（平成30年11月分報告省令レート）である。

[32] Gesetz über Ordnungswidrigkeiten in der Fassung der Bekanntmachung vom 19. Februar 1987 (BGBl. I S. 602). <https://www.gesetze-im-internet.de/owig_1968/BJNR004810968.html>

[33] SNS法第4条第3項第5号。連邦司法消費者保護省担当者からも同趣旨の説明があった。

[34] 事業者の規模は、A～Dに分類され、それぞれ利用登録者数ベースで、2000万人以上、400万人以上2000万人未満、200万人以上400万人未満、200万人未満である。違反の度合いは、具体的な事実及び結果から「極めて重大」、「非常に重大」、「重大」、「中程度」、「軽微」の5段階に分類される。特に「非常に重大」については、SNS法において要求される事項を遵守する努力を全く行わない等の例外的な場合にのみ適用されるものとされている。*NetzDG-Bußgeldleitlinien: Leitlinien zur Festsetzung von Geldbußen im Bereich des Netzwerkdurchsetzungsgesetzes (NetzDG)*, 2018.3.22. Bundesministerium der Justiz und für Verbraucherschutz website <https://www.bmjv.de/SharedDocs/Downloads/DE/Themen/Fokusthemen/NetzDG_Bu%C3%9Fgeldleitlinien.pdf?__blob=publicationFile&v=3>

[35] Deutscher Bundestag, *op.cit.*(9), S.27.

者を指名することが義務付けられた。違法なコンテンツに起因する過料手続上及び民事裁判上の手続のために任命されるのが国内の送達受取人である（第 5 条第 1 項）。

一方、刑事訴追官庁の情報提供要請のための窓口として指定されるのが、国内の受信担当者である（同条第 2 項）。当初、法案では、SNS 事業者に対する追加的な情報提供義務を発生させるものではないと説明されていた[36]。しかし、委員会審査段階の修正で、受信担当者が要請から 48 時間以内に情報を提供する義務及び関連の過料規定が追加された（第 4 条第 8 項）[37]。

おわりに

SNS 法をめぐっては、表現の自由に与える影響、連邦と州又は EU との関係における権限の問題など、ドイツ国内外で多様な観点から議論が交わされ、施行後も、その効果や実施体制について疑念や改善の余地を指摘する意見がある[38]。例えば、高額な過料を科されるおそれから SNS 事業者がコンテンツの過剰削除に至る懸念については、個別のコンテンツの取扱いに基づいて過料が科されることはなく懸念は当たらないという意見がある[39]一方で、実際に違法ではないと考えられるコンテンツまでもが削除された例も指摘されている[40]。

日本でも、インターネット上の差別的投稿等への対応の必要性が指摘されている[41]。対応の方法を検討する上で、諸外国の立法は参考になるものであり、引き続き諸外国の立法やその後の動向等を注視する必要があろう[42]。

---

(36) *ibid*.
(37) Deutscher Bundestag, *op.cit*.(21), S.23. なお、修正では、送達受取人につき、プラットフォーム上で情報にアクセスできるようにすること、実際的な手続に留まらず、違法なコンテンツの流布に係る手続を開始する目的でも対応が可能であるようにしなければならないことが明示された。
(38) 前掲注(3)を参照。
(39) Deutscher Bundestag, *op.cit*.(30), S.7-9.
(40) 穂鷹知美「フェイクニュースに対する適切な対処法とは―ドイツのネットワーク執行法をめぐる議論―」『Synodos』2018.7.6. <https://synodos.jp/international/21812>
(41) 例えば、2016 年に成立した「本邦外出身者に対する不当な差別的言動の解消に向けた取組の推進に関する法律」（平成 28 年法律第 68 号。「ヘイトスピーチ解消法」）の附帯決議には、「インターネットを通じて行われる本邦外出身者等に対する不当な差別的言動を助長し、又は誘発する行為の解消に向けた取組に関する施策を実施すること」が盛り込まれている（第 190 回国会衆議院法務委員会議録第 19 号　平成 28 年 5 月 20 日　p.30）。そのほか、「こちら特報部　ドイツ、偽ニュース規制　10 月に導入」『東京新聞』2017.8.22;「差別許さぬ社会に（特集ワイド）」『毎日新聞』2018.6.22, 夕刊などでも、インターネット上のヘイトスピーチ、フェイクニュースへの対策に言及されている。
(42) なお、英国では、ドイツの SNS 法にならった法令の整備が検討されているという（Alex Wickham「イギリス政府がネットコンテンツを規制する機関を計画」『Buzzfeed News』2018.10.8. <https://www.buzzfeed.com/jp/alexwickham/uk-government-regulator-internet-1>; Laurence Dodd, "British MPs call for German-style law to block hate speech on social media," *Telegraph*, 2018.7.28. <https://www.telegraph.co.uk/technology/2018/07/28/british-mps-call-german-style-law-block-hate-speech-social-media/>）。

ソーシャルネットワークにおける法執行の強化に関する法律
（ネットワーク法執行法- NetzDG -）

Gesetz zur Verbesserung der Rechtsdurchsetzung in sozialen Netzwerken
(Netzwerkdurchsetzungsgesetz - NetzDG)

国立国会図書館　調査及び立法考査局
国土交通課　神足　祐太郎訳

【目次】
第1条　適用範囲
第2条　報告義務
第3条　違法なコンテンツに係る苦情処理
第4条　過料に関する規定
第5条　国内の送達受取人
第6条　経過規定

第1条　適用範囲

(1) この法律は、利用者が、任意のコンテンツを、他の利用者と共有し、又は公衆にアクセス可能とすることを目的としたインターネット上の営利のプラットフォーム（以下「ソーシャルネットワーク」という。）を運営するテレメディアサービス[1]提供者に適用する。サービス提供者自らが責任を負う、ジャーナリズム的編集を経て形成された提供物を掲載するプラットフォームは、この法律にいうソーシャルネットワークとみなされない。個人間のコミュニケーション又は特定のコンテンツの頒布を目的とするプラットフォームも同様である。

(2) ソーシャルネットワークの提供者は、当該ソーシャルネットワークの国内における利用登録者が200万人に満たない場合には、第2条から第3条までに規定する義務を免除される。

(3) 違法なコンテンツとは、刑法典第86条、第86a条、第89a条、第91条、第100a条、第111条、第126条、第129条から第129b条まで、第130条、第131条、第140条、第166条、第184d条に関連する第184b条、第185条から第187条まで、第201a条、第241条又は第269条の構成要件に該当し、かつ正当化されない第1項にいうコンテンツをいう。

第2条　報告義務

(1) 違法なコンテンツに対する1暦年100件を超える苦情を受けたソーシャルネットワーク提供者は、自らのプラットフォーム上の違法なコンテンツに係る苦情処理に関し、第2項に規定する事項を含むドイツ語の報告書を半年ごとに作成し、並びに連邦官報及び自身のホーム

---

*　この翻訳は、Netzwerkdurchsetzungsgesetz vom 1. September 2017 (BGBl. I S. 3352) <https://www.gesetze-im-internet.de/netzdg/BJNR335210017.html> を訳出したものである。訳文中［　］は訳者が原語又は訳文を補記したものである。本稿におけるインターネット最終アクセス日は2018年10月30日である。

(1)　テレメディアサービスとは、電気通信法（Telekommunikationsgesetz vom 22. Juni 2004 (BGBl. I S. 1190). <https://www.gesetze-im-internet.de/tkg_2004/BJNR119000004.html>）第3条第24号に規定する電気通信サービスのうち電気通信網を経由した信号の伝送をその本質の全てとする者、電気通信法第3条第25号に規定する電気通信を基盤とするサービス又は放送には該当しない全ての電子的情報・通信サービスをいう。

ページ上で、半年の［期間］満了後1月以内に公開する義務を負う。自身のホームページ上で公開された報告書は、容易に見つけることが可能で、直接にアクセスが可能であり、かつ常に利用することが可能でなければならない。

(2) 報告書は、少なくとも次の観点を含まなければならない。

1. ソーシャルネットワークの提供者が、プラットフォーム上における犯罪行為の防止のためにいかなる取組を行っているかの一般的説明
2. 違法なコンテンツに係る苦情の送信の仕組み及び違法なコンテンツの削除及び遮断［Sperrung］[2]のための判断基準の説明
3. 苦情担当部署［Beschwerdestelle］[3]から及び利用者からの苦情により並びに苦情理由により分類した、報告期間中に受けた違法なコンテンツに関する苦情の件数
4. 苦情対応を所掌する作業部門の組織、人員の配置、及び技術的・言語的能力、並びに苦情対応を所掌する者への訓練及び支援
5. 業界団体への加盟状況（当該業界団体に苦情担当部署があるか否かに関する説明を含む。）
6. ［苦情処理の］決定の準備のために外部機関に相談した苦情の件数
7. 報告期間中に当該コンテンツが削除され又は遮断されるに至った苦情の件数（苦情担当部署から及び利用者からの苦情により、苦情理由により、苦情が第3条第2項第3号aの場合に該当するか否かにより、当該場合に利用者に転送を行ったか否かにより並びに第3条第2項第3号bに基づき認定された規制された自主規制の機関へ［違法性の決定の］委任を行ったか否かにより分類されたもの）
8. ソーシャルネットワークに苦情が到達してから違法なコンテンツを削除し、又は遮断するまでの期間（苦情担当部署から及び利用者からの苦情により、苦情理由により、並びに「24時間以内」、「48時間以内」、「1週間以内」及び「それ以上」の時間区分の別に従って分類されたもの）
9. 苦情申立人及び苦情を申立てられたコンテンツを保存させていた利用者に対して苦情に関する決定を通知する方法

第3条 違法なコンテンツに係る苦情処理

(1) ソーシャルネットワークの提供者は、違法なコンテンツに係る苦情処理について、第2項及び第3項に規定する効果的かつ透明性のある手続を備えなければならない。提供者は、利用者に、違法なコンテンツに対する苦情を送信するための、容易に見つけることが可能で、直接にアクセスが可能で、かつ、常に利用することが可能な手続を提供しなければならない。

(2) 手続は、ソーシャルネットワークの提供者が次に掲げる事項を行うことを保証しなければならない。

1. 遅滞なく苦情を認識し、苦情で取り上げられているコンテンツが違法であるか及び当該コ

---

[2] 遮断（ブロッキング）は、当該コンテンツに対しアクセスできなくする措置をいう。例えば、Facebook社は、自社の利用基準に反したコンテンツについて、削除の措置を採る一方、ドイツ刑法典のみに違反しているコンテンツについては、ドイツ国内からのアクセスを不可能にする措置を採っている。("NetzDG Transparency Report," 2018.7. Facebook website <https://fbnewsroomus.files.wordpress.com/2018/07/facebook_netzdg_july_2018_english-1.pdf>）

[3] 「報告機関」、「苦情窓口」等とも訳される。違法なコンテンツを報告する専門の機関等を含むものである。（「Network Enforcement Law に基づく削除」Google Transparency Report website <https://transparencyreport.google.com/netzdg/youtube>）

ンテンツを削除すべきか又は当該コンテンツへのアクセスを遮断すべきであるか否かを審査すること。
2. 明らかに違法なコンテンツを、苦情が到達してから24時間以内に削除し、又は当該コンテンツへのアクセスを遮断すること。ただし、ソーシャルネットワークが明らかに違法なコンテンツの削除又は遮断についてより長い期間をとることを所管の刑事訴追官庁との間で合意している場合はこの限りではない。
3. 全ての違法なコンテンツを、遅滞なく、原則として苦情の到達から7日以内に削除し、又は当該コンテンツへのアクセスを遮断すること。ただし、次のいずれかの場合には7日の期間を超過することができる。
    a) コンテンツの違法性に関する決定が、事実の主張が真実ではないことに依拠する場合又はその他の事実に係る事情に依拠することが明らかな場合。ソーシャルネットワークは、これらの場合において決定前に、利用者に苦情に対する意見を述べる機会を与えることができる。
    b) ソーシャルネットワークが、苦情の到達から7日以内に第6項から第8項までの規定に基づき認定された規制された自主規制の機関に違法性の決定を委任し、及びその決定に従う場合
4. 削除する場合には、当該コンテンツを証拠目的のため保全し、及び当該目的のため、EU指令2000/31/EC及び2010/13/EUの適用される領域内で10週間保存すること。
5. 苦情申立人及び利用者に遅滞なく決定について知らせ、及びその者に対し当該決定の理由を示すこと。

(3) 手続において、各苦情及びその救済のために採られた措置は、EU指令2000/31/EC及び同2010/13/EUが適用される領域内において、確実に文書で記録されなければならない。

(4) 苦情処理は、ソーシャルネットワークの経営者によって、毎月の検査を通じて監督されなければならない[4]。到達した苦情の処理において、組織的な不備がある場合は遅滞なく是正しなければならない。苦情対応要員には、ソーシャルネットワークの経営者によって、定期的に、少なくとも半年ごとに、ドイツ語での訓練及び支援プログラムが提供されなければならない。

(5) 第1項に規定する手続は、第4条で規定する行政官庁が委託する機関によって監視され得る[5]。

(6) ある機関が、次に掲げる要件を全て満たす場合に、この法律にいう規制された自主規制の機関として認定しなければならない。
1. 当該機関の審査者の独立性及び専門性が保証されていること。
2. 適切な設備及び7日以内の迅速な審査が確保されていること。
3. 審査の範囲及び手順並びに加盟するソーシャルネットワークの提出義務を定め、並びに決定を再審査する可能性を予定する手続規則があること。
4. 苦情担当部署が設置されていること。

---

[4] 法案説明資料では、犯罪対応が組織上の責任者の責任下で行われる必要性を指摘している（Deutscher Bundestag, *Drucksache*, 18/12356, S.23. <https://dipbt.bundestag.de/doc/btd/18/123/1812356.pdf>）
[5] 現在、苦情処理の監視は各州が共同で設置した青少年保護関係の組織であるjugendschutz.netが行っている（*ibid.*）。

5. 当該機関が、適切な設備を確保している複数のソーシャルネットワーク提供者又は機関によって運営されていること。それに加えて、他の特にソーシャルネットワークの提供者の参加に対して開かれていなければならないこと。

(7) 規制された自主規制機関の認定については、第4条で規定する行政官庁が行う。

(8) 認定のための条件が後に満たされなくなった場合、認定の全部若しくは一部を撤回し、又は付款を設けることができる。

(9) 第4条で規定する行政官庁は、ソーシャルネットワーク提供者について、規制された自主規制との連携により第2項第3号の義務履行が保証されないことが予測される場合、当該ソーシャルネットワーク提供者が、第2項第3号bに基づく決定の委任を限定された期間行えなくすることを決定することもできる。

第4条　過料に関する規定

(1) 故意又は過失により、次のいずれかに該当する者は秩序違反とされる。

1. 第2条第1項第1文に反し、報告書を作成せず若しくは不適正に、不完全に若しくは期限を遵守せずに作成し、又は公表せず若しくは不適正に、不完全に、所定の方法によらずに、若しくは適時に公表した者
2. 第3条第1項第1文に反し、国内に居住し又は所在地を有する苦情担当部署から又は利用者からの苦情の処理に係る同文で定める手続を備えず、又は不適正に若しくは不完全に備えた者
3. 第3条第1項第2文に反し、同文で定める手続を定めず、又は適正な方法で定めていない者
4. 第3条第4項第1文に反し、苦情処理を監督せず又は適正に監督していない者
5. 第3条第4項第2文に反し、組織的な不備を是正しない又は適時に是正しない者
6. 第3条第4項第3文に反し、訓練又は支援を提供せず又は適時に提供しない者
7. 第5条に反し、国内の送達受取人又は国内の受信担当者を指定しない者
8. 第5条第2項第2文に反し、受信担当者として情報提供要請に応じない者

(2) 秩序違反は、第1項第7号及び第8号の場合には50万ユーロ以下の過料、第1項の他の号の場合には500万ユーロ以下の過料に処することができる。秩序違反法第30条第2項第3文[6]が適用される。

(3) 秩序違反は、国内で行われない場合においても罰することができる。

(4) 秩序違反法第36条第1項第1号[7]にいう行政官庁は、連邦司法庁とする。連邦司法消費者保護省は、連邦内務省、連邦経済エネルギー省及び連邦交通デジタルインフラ省と合意して、過料手続の開始の際及び過料額の決定の際の、過料当局の裁量権の行使に関する一般的な管理原則を公布する。

(5) 行政官庁は、未削除又は未遮断のコンテンツが第1条第3項にいう違法であることを自らの決定の根拠とする場合、あらかじめ、違法性について、裁判所の決定を得るものとする。

---

[6] 秩序違反法（Gesetz über Ordnungswidrigkeiten in der Fassung der Bekanntmachung vom 19. Februar 1987 (BGBl. I S. 602). <https://www.gesetze-im-internet.de/owig_1968/BJNR004810968.html>）第30条は、法人及び団体に対する過料について定めており、同文では法人に対し、法定の10倍の過料を科すことができることが規定されている。

[7] 秩序違反法第36条第1項第1号は、法律によって指定された行政官庁が［当該の秩序違反につき］所管することを定めている。

過料の決定に対する異議に関して決定を行う裁判所が、［先決的決定を］管轄する。先決的決定の申立ては、ソーシャルネットワークの意見と併せて裁判所に送付されなければならない。当該申立てに対しては、口頭審理を行わずに決定することができる。決定は、最終的なものであり、行政官庁を拘束する。

第5条　国内の送達受取人

(1) ソーシャルネットワークの提供者は、国内において、送達受取人を指名しなければならず、そのプラットフォーム上において、容易に見つけることが可能で、かつ、直接にアクセス可能な方法でその［指名された］者に対して、注意を喚起しなければならない。この者に対し、違法なコンテンツの頒布に対する、第4条に規定する手続上の又はドイツの裁判所の裁判手続上の送達を行うことができる。これは、当該手続を開始する文書の送達にも適用する。

(2) 国内の刑事訴追官庁の情報提供要請に対して、国内の受信担当者を指定しなければならない。当該受信担当者は、第1文に規定する情報提供要請に対し、その到達から48時間以内に回答する義務を負う。情報提供要請に対して当該要請に漏れなく応えた情報をもって回答しない場合、当該回答にはその理由を付さなければならない。

第6条　経過規定

(1) 第2条に規定する報告は、2018年の上半期に第1回目が行われる。

(2) 第3条に規定する手続は、この法律の施行から3月以内に導入されなければならない。ソーシャルネットワークの提供者が、後の時点において初めて第1条の要件を満たした場合には、第3条に規定する手続は、当該時点から3月後に導入されなければならない。

（こうたり　ゆうたろう）

中国の新たな国家監察体制
―中華人民共和国監察法―

国立国会図書館　調査及び立法考査局
海外立法情報課長　岡村　志嘉子

目　次

はじめに
Ⅰ　習近平政権の監察体制改革
　1　汚職・腐敗取締りの基本方針とその実績
　2　監察制度改革の進展状況
Ⅱ　監察委員会設置の根拠法
　1　憲法改正
　2　監察法の制定
Ⅲ　監察法の構成と主な内容
　1　構成
　2　主な内容
おわりに
翻訳：中華人民共和国監察法

キーワード：監察委員会、監察法、憲法、中国、汚職、腐敗、習近平

> 要　旨
>
> 　汚職・腐敗の取締りを重要な政策課題の1つとする習近平政権は、政権2期目に入った2018年3月、公権力を行使する全ての公職者に対する監督及び取締りを法に基づき独立して行う機関として、新たに監察委員会を設置した。監察委員会設置の根拠法が、同年3月11日に改正された憲法と3月20日に制定された監察法である。
>
> 　監察委員会は、共産党の規律検査委員会と一体となり、共産党の党内規律と法律に基づく監督との間の整合性を図った上で、汚職・腐敗等に対する統一的な監督、調査及び処置を行う。習近平政権において、監察委員会の設置による国家監察体制の改革は、政権基盤を一層強固なものにするための取組の1つと位置付けられている。
>
> 　本稿では、習近平政権の進める監察体制改革の基本方針、監察委員会設置に係る憲法改正と新たに制定された監察法の主な内容等について紹介し、監察法の全文を訳出する。

はじめに

　2018年3月11日、中国で憲法の部分改正[1]が行われ、独立した監察機関として新たに監察委員会[2]を設置することが憲法で定められた。同月20日には監察委員会の職責、権限等について定める監察法[3]も制定された。新たに設置される監察委員会は、公権力を行使する全ての公職者に対する監督及び取締りを法に基づき独立して行う機関である。

　中国の憲法には、最高国家権力機関である全国人民代表大会（以下「全人代」という。）の職権の1つとして、「憲法の実施を監督すること」が明記されている。行政監察及び公務員に対する監督等については、行政監察法[4]に基づく行政内部における監督のほか、国家権力機関である人民代表大会[5]、裁判機関である人民法院、検察機関である人民検察院、及び人民大衆による外部からの監督が憲法等に基づき制度化されている[6]。汚職・腐敗取締りを担当する国の機関としては、監察省、国家腐敗予防局、会計検査署、公安省経済犯罪捜査局、最高人民検察院反汚職腐敗総局等があり、それぞれその職責に応じて任務を遂行している[7]。

＊　本稿におけるインターネット情報の最終アクセス日は、2018年11月7日である。
(1)　「中華人民共和国憲法修正案」中国政府法制信息網 <http://www.chinalaw.gov.cn/art/2018/3/12/art_11_207556.html> また、改正後の現行憲法全文（全143条）は、「中華人民共和国憲法」同 <http://www.chinalaw.gov.cn/art/2018/3/22/art_11_207681.html> を参照。
(2)　監察委員会は、国の最高監察機関として設置される国家監察委員会と省、県、市等の地方各レベルの監察委員会から成り、上級監察委員会が下級監察委員会を指導する。
(3)　「中華人民共和国監察法」中国政府法制信息網 <http://www.chinalaw.gov.cn/art/2018/3/22/art_11_207680.html>
(4)　「中華人民共和国行政監察法」同上 <http://www.chinalaw.gov.cn/art/2010/10/18/art_11_88178.html> なお、今回の監察法制定により、行政監察法は廃止された。
(5)　全国人民代表大会と地方各レベルの人民代表大会から成る。
(6)　中国における行政に対する監督制度の概要及び行政監察法の邦訳に関しては、宮尾恵美「中国における行政監督」『外国の立法』No.255, 2013.3, pp.155-174. <http://dl.ndl.go.jp/view/download/digidepo_8111652_po_02550010.pdf?contentNo=1> を参照。
(7)　汪玉凱「国家監察委設立：構建制度反腐新框架」『財経』2018年6期, 2018.3.19, pp.84-85.

一方で、中国において汚職・腐敗の取締りは、共産党員[8]に対しては、共産党中央規律検査委員会が中心となり、党内法規に基づいて処分が行われる。中国の公務員の約 80% は共産党員であり、高級幹部層に限ればその比率は 95% を上回っている[9]。したがって、公職者に対する汚職・腐敗取締りの大半は、共産党員の規律の問題として処理される。しかし、全ての公職者に対する統一的な監督の実施を規定する法律は存在せず、関係機関間の連携や制度面の統一性も十分ではないため、従来の取締りは実効性確保の点で様々な制約があった。

　習近平政権は、2012 年の発足以来、公職者の汚職・腐敗の取締りを強力に推進している。同政権の基本方針である「法に基づく国家統治」[10]を推進する観点からも、党内規律と法律に基づく監督との間の整合性を図り、その一元的な運用を実現することが急務とされている。また、同政権において、監察委員会の設置による国家監察体制の改革は、政権基盤を一層強固なものにするための重要な取組の 1 つとも位置付けられている。

　本稿では、習近平政権の進める監察体制改革の基本方針、監察委員会設置に係る憲法改正と新たに制定された監察法の主な内容等について紹介し、監察法の全文を訳出する。

Ⅰ　習近平政権の監察体制改革

1　汚職・腐敗取締りの基本方針とその実績
(1) 汚職・腐敗取締りの基本方針

　2012 年 11 月に共産党総書記に就任した習近平は、就任から約 2 か月後の 2013 年 1 月 22 日、共産党中央規律検査委員会の全体会議において、次のような方針を打ち出している[11]。

- 「虎」（大物）も「ハエ」（小物）も一緒に叩く。すなわち、指導的立場にある幹部の規律違反・法律違反を厳しく取り締まるだけでなく、大衆の身の回りに存在する不正・腐敗も着実に取り除く。
- 党の規律及び国の法律の前に一切の例外を設けず、誰に関わることでも徹底的に調べ、決して見逃さない。
- 反腐敗を進めるための懲罰・予防システム、政治文化、規制・監督システム、立法、党内法規・制度等を整備し、腐敗が多発する分野の改革を強化し、政府機関における法定権限・手続の遵守を徹底する。

(2) 汚職・腐敗取締りの実績

　上述の「虎もハエも一緒に叩く」は習近平政権の反腐敗活動のスローガンとなり、共産党内の汚職・腐敗の根絶に向け、党内の地位を問わず強力な取締りが実施されてきた。

　その主な実績としては、2012 年 11 月から 2017 年 10 月までの習近平体制 1 期目 5 年間に、

---

(8)　中国共産党の党員総数は、2017 年末現在、8956.4 万人である（「2017 年中国共产党党内统计公报」共产党员网 <http://news.12371.cn/2018/06/30/ARTI1530340432898663.shtml>）。同時点の中国の総人口は、13 億 9008 万人である（「中华人民共和国 2017 年国民经济和社会发展统计公报」国家统计局 <http://www.stats.gov.cn/tjsj/zxfb/201802/t20180228_1585631.html>）。
(9)　李建国「关于《中华人民共和国监察法（草案）》的说明」中国人大网 <http://www.npc.gov.cn/npc/xinwen/2018-03/14/content_2048551.htm>
(10)　中国語原文は「依法治国」。
(11)　习近平「把权力关进制度的笼子里（2013 年 1 月 22 日）」『习近平谈治国理政』外文出版社, 2014, p.388.

党中央による摘発を受けた者440人（うち、党中央委員・候補委員43人、中央規律検査委員会委員9人）、全国の規律検査・監察関係機関に受理された告発1218.6万件、処分された者153.7万人（うち、犯罪の疑いにより司法機関に移送された者5.8万人）、また、2014年以降、指名手配中の国外逃亡者の送還が90以上の国・地域から3,453人、資産回収総額95.1億元[12]等と報告されている[13]。

2　監察制度改革の進展状況

習近平政権は、汚職・腐敗の取締り強化と並行して、関連する制度の改革とその法的基盤の整備を進めてきた[14]。その1つが、共産党の内部規律を一層強化するための党内法規の見直しであり、もう1つが、共産党内に限らず網羅的で実効性のある汚職・腐敗取締りを可能とするための監察制度の改革である。

(1) 党内法規の整備拡充

習近平政権は、汚職・腐敗取締りの強化を目的として、「中国共産党規約」を始めとする現行党内法規の関連規定の見直し、新たな党内法規の制定など、関連する党内法規の整備拡充を集中的に進めている。その主なものは、表1のとおりである。

表1　習近平政権下における反腐敗関連党内法規の整備状況

種別	題名（中国語題名）	施行日（斜体は最終改正日）	条数	URL
党規約	中国共産党規約（中国共産党章程）	*2017.10.24*	55	http://www.12371.cn/special/zggcdzc/zggcdzcqw/
準則	中国共産党廉潔自律準則（中国共产党廉洁自律准则）	2016.1.1	8	http://news.12371.cn/2015/10/22/ARTI1445481444215144.shtml
準則	新情勢下の党内政治生活に係る若干の準則（关于新形势下党内政治生活的若干准则）	2016.10.27	12（項）	http://news.12371.cn/2016/11/02/ARTI1478091665764299.shtml
条例	党政機関節約励行浪費反対条例（党政机关厉行节约反对浪费条例）	2013.10.29	65	http://news.12371.cn/2015/10/28/ARTI1446022036265105.shtml
条例	中国共産党問責条例（中国共产党问责条例）	2016.7.8	13	http://news.12371.cn/2016/07/18/ARTI1468818648595687.shtml
条例	中国共産党党内監督条例（中国共产党党内监督条例）	2016.10.27	47	http://news.12371.cn/2016/11/02/ARTI1478087905680175.shtml
条例	中国共産党査察工作条例（中国共产党巡视工作条例）	*2017.7.1*	42	http://news.12371.cn/2017/07/14/ARTI1500037507858103.shtml
条例	中国共産党党務公開条例（試行）（中国共产党党务公开条例（试行））	2017.12.20	27	http://news.12371.cn/2017/12/25/ARTI1514189328408335.shtml
条例	中国共産党規律処分条例（中国共产党纪律处分条例）	*2018.10.1*	142	http://news.12371.cn/2018/08/27/ARTI1535321516261382.shtml

（注）種別は、上位から党規約、準則、条例の順である。
（出典）「党内法規庫」共产党员网 <http://www.12371.cn/special/dnfg/> を基に筆者作成。

(2) 監察制度改革の試行

監察制度改革については、政権の重点的課題として、反腐敗対策の実施状況とその実績を踏

---

(12) 1元は約16.2円（平成30年10月分報告省令レート）。
(13) 「十八届中央纪律检查委员会向中国共产党第十九次全国代表大会的工作报告（2017年10月24日中国共产党第十九次全国代表大会通过）」中共中央纪律检查委员会・中华人民共和国监察委员会 <http://www.ccdi.gov.cn/xxgk/hyzl/201710/t20171031_114178.html>
(14) 以下、この節の記述については、次の文献を参照した。李　前掲注(9);「反腐败工作法制化的重要里程碑」中国人大网 <http://www.npc.gov.cn/npc/dbdhhy/13_1/2018-03/22/content_2052501.htm>; 王丽娜「监察体制改革试点轮廓」『财经』2017年27期, 2017.11.27, pp.124-126; 同「国家监察委落定」『财经』2018年6期, 2018.3.19, pp.79-80.

まえつつ、検討が重ねられてきた。

　習近平指導部の方針として、2015年1月の共産党中央規律検査委員会全体会議において、行政監察法の改正が指示され、さらに、2016年1月の同会議において、行政監察法の改正という範囲に限定せず、全ての国家機関及び公務員を網羅的・統一的に監察対象とするための新たな枠組みを構築することが指示された。同年12月からは、北京市、山西省及び浙江省において、監察制度改革が試行的に実施されることになった。試行内容の骨子は、①当該2省1直轄市及びその所轄の県・市・市管轄区[15]に監察委員会を設置、②各級人民政府の監察庁（局）及び腐敗予防局並びに各級人民検察院の汚職・腐敗取締部門等の職責と人員を各級監察委員会に統合、③当該地域の共産党規律検査委員会と監察委員会が合同で執務に当たる、というものである[16]。

　この一部地域における制度改革の試行は、約1年の実施を経て、2017年11月、全国に拡大された[17]。この間、2017年6月には全人代常務委員会において、試行内容が規定に反映された新たな監察法案の審議も開始された。

（3）第2期習近平政権における改革方針

　2018年2月28日、共産党中央委員会全体会議において、「党・国家機構改革深化計画」[18]が党の重要方針として採択された。同計画には、反腐敗対策及び監察制度改革に関する方針も明記されている。その主な内容は、次のとおりである。

- 反腐敗活動に対する統一的な指導を党に集中させ、党による監督と国家機関による監督の有機的な統一を図り、公権力を行使するあらゆる公職者に対して網羅的な監察を実現する。すなわち、国レベルで、監察省と国家腐敗予防局の職責、最高人民検察院の汚職取調べ等の反腐敗関連の職責を整理統合して国家監察委員会[19]を設置し、党中央規律検査委員会と合同で執務を行う。
- 国家監察委員会の主な職責は、党規約及び各種党内法規の遵守、党の方針に係る執行状況の検査、幹部党員の権限行使に対する監督、憲法と法律の擁護、公職者の職責履行状況に対する監督・検査、職務上の法律違反及び職務犯罪に関する調査と処分決定等とする。
- 国家監察委員会は、全人代が選出し、全人代及び同常務委員会の監督を受ける。
- 監察省と国家腐敗予防局は、廃止する。

　これは、監察制度改革に係る様々な検討結果を踏まえて習近平政権が決定した最終的な方針であり、この方針を反映した法律の制定を急ぐことも同会議で合意された。

---

(15) 中国の地方行政区画は、省級（省、自治区、直轄市）、地区級（地区級市、自治州等）、県級（市管轄区、県、自治県、県級市等）、郷級（鎮、郷、街道等）の4階層から成る（「自治」が付されるのは少数民族地域）。ここで挙げられているのは、県級以上の行政区画である。

(16) 「全国人民代表大会常務委員会关于北京市、山西省、浙江省开展国家监察体制改革试点工作的决定」（2016.12.26施行）中国政府网 <http://www.gov.cn/xinwen/2016-12/25/content_5152757.htm>

(17) 全国の各省、自治区、直轄市、自治州、県、自治県、市、市管轄区に監察委員会を設置することが定められた。「全国人民代表大会常務委員会关于在全国各地推开国家监察体制改革试点工作的决定」（2017.11.5施行）中国政府法制信息网 <http://www.chinalaw.gov.cn/art/2018/4/28/art_11_208043.html>

(18) 「中共中央印发《深化党和国家机构改革方案》」中国政府网 <http://www.gov.cn/zhengce/2018-03/21/content_5276191.htm#1>

(19) 国の最高監察機関を指す。前掲注(2)参照。

Ⅱ　監察委員会設置の根拠法

　前章で述べたように、習近平政権が進める監察体制改革は、監察委員会の設置による新たな制度の構築がその柱となっている。2018 年 3 月、第 13 期全人代第 1 回会議において、監察委員会の設置に係る根拠法が定められた。1 つは、監察委員会を国家体制の根幹を形成する重要な制度として憲法に規定する憲法改正であり、もう 1 つは、監察委員会の組織、職責等について具体的に定める監察法の制定である[20]。

1　憲法改正
(1) 憲法改正の経緯
　中国では、1954 年、1975 年、1978 年、1982 年の 4 回、憲法が制定され、それぞれ「54 年憲法」、「75 年憲法」、「78 年憲法」、「82 年憲法」と呼ばれる。

　1978 年末以降の改革開放政策への転換を反映した現行の 82 年憲法は、制定後、部分改正が 1988 年、1993 年、1999 年、2004 年に行われている。2004 年の最終改正以降、中国の経済発展はますます加速し、社会体制にも大きな変化が生じている。さらに、習近平政権期に入ると、「法に基づく国家統治」が強調され、国内法の体系的な整備に一層力が入れられるようになった。そのような中で、2017 年 10 月に 2 期目を迎えた習近平政権は、14 年ぶりの憲法部分改正に着手した。

　2018 年 1 月 19 日、共産党第 19 期中央委員会第 2 回全体会議（2 中全会）で採択された「憲法の部分的内容の改正に関する提案」が、同 26 日に全人代常務委員会に提出され、同 30 日、同委員会の会議で承認された。これに基づき策定された 21 か条から成る憲法改正案が、3 月、第 13 期全人代第 1 回会議に提出された。21 か条のうち 11 か条が監察委員会の設置に関するものである。同改正案は、審議の後、微修正を経て、3 月 11 日に可決、同日公布、施行された。

(2) 改正憲法における監察委員会関連規定
　今回の憲法改正においては、国家機構について規定する第 3 章に監察委員会に関する新たな 1 節（5 か条）が加えられ、国家監察委員会及び地方各級監察委員会の地位、構成、職責等が定められた。その中では、①監察委員会は、法律の定めるところにより独立して監察権を行使し、行政機関、社会団体及び個人からの干渉を受けないこと、②国家監察委員会は全人代が選出し、全人代及び同常務委員会に対して責任を負うこと等が規定されている。そのほか、監察委員会の国家機構としての位置付けを憲法上に明記するため、現行憲法の関係条文の改正も行われた。憲法の全体の条数は、5 か条増えて全 143 条となった。

　改正憲法における監察委員会関連規定は、次頁の表 2 のとおりである。

---

[20] 以下、この章の記述については、中国人大网 <http://www.npc.gov.cn/> 所収の各種関連文献等を参照した。

表2 中華人民共和国憲法（2018年3月改正）における監察委員会関連規定

	改正前	改正後
第1章 総則		
第3条第3項	国家行政機関、裁判機関及び検察機関は、全て人民代表大会によって選出され、人民代表大会に対して責任を負い、人民代表大会の監督を受ける。	国家行政機関、監察機関、裁判機関及び検察機関は、全て人民代表大会によって選出され、人民代表大会に対して責任を負い、人民代表大会の監督を受ける。
第3章 国家機構		
第1節 全国人民代表大会		
第62条	全国人民代表大会は、次の各号に掲げる職権を行使する。 (1)～(15)（全15号）	全国人民代表大会は、次の各号に掲げる職権を行使する。 (1)～(16)（全16号） ※「(7) 国家監察委員会主任を選挙すること。」を追加。
第63条	全国人民代表大会は、次の各号に掲げる者を罷免する権限を有する。 (1)～(5)（全5号）	全国人民代表大会は、次の各号に掲げる者を罷免する権限を有する。 (1)～(6)（全6号） ※「(4) 国家監察委員会主任」を追加。
第65条第4項	全国人民代表大会常務委員会の構成員は、国家行政機関、裁判機関及び検察機関の職務を担当してはならない。	全国人民代表大会常務委員会の構成員は、国家行政機関、監察機関、裁判機関及び検察機関の職務を担当してはならない。
第67条	全国人民代表大会常務委員会は、次の各号に掲げる職権を行使する。 (1)～(21)（全21号） (6) 国務院、中央軍事委員会、最高人民法院及び最高人民検察院の業務を監督すること。	全国人民代表大会常務委員会は、次の各号に掲げる職権を行使する。 (1)～(22)（全22号） (6) 国務院、中央軍事委員会、国家監察委員会、最高人民法院及び最高人民検察院の業務を監督すること。 ※「(11) 国家監察委員会主任の提案に基づき、国家監察委員会の副主任及び委員を任免すること。」を追加。
第3節 国務院		
第89条	国務院は次の各号に掲げる職権を行使する。 (8) 民政、公安、司法行政、監察等の業務を指導し、及び管理すること。	国務院は次の各号に掲げる職権を行使する。 (8) 民政、公安、司法行政等の業務を指導し、及び管理すること。
第5節 地方各級人民代表大会及び地方各級人民政府		
第101条第2項	県級以上の地方各級人民代表大会は、当該級の人民法院院長及び人民検察院検察長を選挙し、かつ、これを罷免する権限を有する。	県級以上の地方各級人民代表大会は、当該級の監察委員会主任、人民法院院長及び人民検察院検察長を選挙し、かつ、これを罷免する権限を有する。
第103条第3項	県級以上の地方各級人民代表大会常務委員会の構成員は、国家行政機関、裁判機関及び検察機関の職務を担当してはならない。	県級以上の地方各級人民代表大会常務委員会の構成員は、国家行政機関、監察機関、裁判機関及び検察機関の職務を担当してはならない。
第104条	県級以上の地方各級人民代表大会常務委員会は、…（中略）…、当該級の人民政府、人民法院及び人民検察院の業務を監督し、…（後略）…。	県級以上の地方各級人民代表大会常務委員会は、…（中略）…、当該級の人民政府、監察委員会、人民法院及び人民検察院の業務を監督し、…（後略）…。
第7節 監察委員会（新設）		
第123条		中華人民共和国各級監察委員会は、国の監察機関である。
第124条		中華人民共和国は、国家監察委員会及び地方各級監察委員会を設置する。 監察委員会は、次に掲げる人員で構成する。 　主任 　副主任若干名 　委員若干名 監察委員会主任の任期は、当該級人民代表大会の任期と同一とする。国家監察委員会主任の再任は、2期を超えてはならない。 監察委員会の組織及び職権は、法律で定める。
第125条		中華人民共和国国家監察委員会は、最高監察機関である。 国家監察委員会は、地方各級監察委員会の業務を指導し、上級監察委員会は、下級監察委員会の業務を指導する。
第126条		国家監察委員会は、全国人民代表大会及び全国人民代表大会常務委員会に対し責任を負う。地方各級監察委員会は、当該委員会を選出した国家権力機関及び1級上の監察委員会に対し責任を負う。
第127条		監察委員会は、法律の定めるところにより独立して監察権を行使し、行政機関、社会団体及び個人からの干渉を受けない。 監察機関は、職務上の法律違反及び職務犯罪に係る事件を処理するときは、裁判機関、検察機関及び法執行部門と相互協力し、及び相互牽制しなければならない。
第8節 人民法院及び人民検察院		
	※改正前は第7節（第123条～第135条）	第128条～第140条 ※改正前の第7節（第123条～第135条）と同一条文。
第4章 国旗、国歌、国章及び首都		
	※改正前は第136条～第138条	第141条～第143条 ※改正前の第136条～第138条と同一条文。

（注）下線部が改正箇所。
（出典）「中华人民共和国宪法修正案」中国政府法制信息網 <http://www.chinalaw.gov.cn/art/2018/3/12/art_11_207556.html> を基に筆者作成。

2　監察法の制定

監察法案については、2016年10月、共産党中央規律検査委員会と全人代常務委員会法制工作委員会が合同で国家監察立法専門検討班を組織し、法案策定の検討作業を開始した。前述（Ⅰ-2-(2)）のとおり、同年12月からは一部地域で監察委員会制度が試行導入され、同検討班は試行実施状況の分析、専門家からの意見聴取等を行いながら規定内容を精査し、監察法案を取りまとめた。

2017年6月、監察法案は習近平指導部の同意を得て全人代常務委員会に提出され、同月下旬の同委員会会議で第1回審議が行われた。その後、法案は意見聴取のため23の中央国家機関と31の省・自治区・直轄市人民代表大会常務委員会に送付されたほか、憲法、行政法、刑事訴訟法等の分野の専門家からの意見聴取も行われた。

2017年11月、監察委員会制度の試行実施が全国に拡大された。また、11月7日から12月6日までの1か月間、監察法案に対する意見公募が行われ、3,771人から13,268件の意見が寄せられた。それを受けて法案には修正が加えられ、その後、各地での試行実施結果等も反映させて更に修正された法案が、同年12月の全人代常務委員会会議で第2回審議に付され、2018年3月の第13期全人代第1回会議への法案提出が決定された。

監察法案は、立法法[21]に定める手続に従い、また、共産党指導部による同意も経て、2018年3月5日から始まった第13期全人代第1回会議に上程された。同会議においては、3月11日の改正憲法施行後の同13日に法案説明が行われ、審議、修正を経て同20日に可決、同日公布、施行された。

なお、監察法の施行に伴い、従来の行政監察法は廃止された。

Ⅲ　監察法の構成と主な内容

1　構成

監察法は全9章69か条から成り、その構成は次のとおりである。

第1章：総則（第1条～第6条）、第2章：監察機関及びその職責（第7条～第14条）、第3章：監察範囲及び管轄（第15条～第17条）、第4章：監察権限（第18条～第34条）、第5章：監察手続（第35条～第49条）、第6章：反腐敗国際協力（第50条～第52条）、第7章：監察機関及び監察人員に対する監督（第53条～第61条）、第8章：法的責任（第62条～第67条）、第9章：附則（第68条～第69条）。

2　主な内容

(1) 立法目的と基本原則

国家監察体制改革の深化、公権力を行使する全ての公職者に対する監督の強化、網羅的な国家監察制度の実現、反腐敗対策の強化等を目的とする（第1条）。

監察委員会は、国家監察機能の行使に責任を負う専門機関であり（第3条）、法律に基づき独立して監察権を行使し、行政機関、社会団体又は個人からの干渉を受けない（第4条）。監察機関は業務遂行に当たり、司法部門（裁判機関・検察機関）及び法執行部門と相互協力、相互牽

---

[21]「中華人民共和国立法法」中国政府法制信息網 <http://www.chinalaw.gov.cn/art/2015/3/19/art_11_88230.html>

制を行う（同条）。

(2) 監察委員会の構成等
　監察委員会は、最高監察機関である国家監察委員会と地方行政区画ごとの地方各級監察委員会から成る（第7条）。
　国家監察委員会は、全国人民代表大会により選出される。その構成は、主任1名（全国人民代表大会が選挙）、副主任若干名、委員若干名（それぞれ任免は全人代常務委員会の同意の下に主任が行う。）である。国家監察委員会は、全国人民代表大会及び同常務委員会に対し責任を負い、かつその監督を受ける（第8条）。
　地方各級監察委員会は、当該級の人民代表大会により選出され、その構成等は国家監察委員会に準ずる。地方各級監察委員会は、当該級の人民代表大会及び同常務委員会並びに1級上の監察委員会に対し責任を負い、かつその監督を受ける（第9条）。

(3) 監察委員会の職責
　監察委員会は、監察法及びその他の関係法に基づき、①公職者の業務履行における法の遵守、清廉性、公平性確保等の状況の監督・検査、②汚職、職権濫用を始めとする職務上の法律違反及び職務犯罪に関する調査、③法律に違反した公職者に対する処分等の職責を履行する（第11条）。

(4) 監察対象
　監察の対象となるのは、①全ての党・政府機関の公務員等、②授権又は委託による公的業務従事者、③国有企業の管理職、④公立の教育・研究・文化・医療・スポーツ等の組織の管理職、⑤住民自治組織の管理職、⑥その他法に基づき公職に携わる者である（第15条）[22]。

(5) 監察権限等
　監察委員会は、監察対象に対し、面談（第19条）、尋問（第20条）、資産の照会・凍結（第23条）、身体・物品・住居等の捜索（第24条）、証拠類の取得・差押え等（第25条）、専門家による実地検査（第26条）、技術調査措置（第28条）等を行う権限を有する。
　重大な職務上の法律違反又は職務犯罪の疑いがあり、更なる調査が必要であって、逃走、証拠隠滅等のおそれがある者に対しては、法に基づく審査を経て特定の場所に留置する措置を講ずることができる（第22条）。留置期間は、3か月を超えてはならないが、特別な場合は3か月を超えない範囲で1回のみ延長可能である（第43条）。
　尋問、留置を始めとする権限を行使するときは、身分証明書を携行した調査担当者が、書面による通知を提示した上で、2名以上で実施し、調書・報告を作成しなければならず、尋問及び捜索・封印・差押え等の重要な証拠採取を行うときは、その全過程を録音・録画しなければならない（第41条）。

---

[22] 中国人民解放軍及び中国人民武装警察部隊については、監察法に基づいて中央軍事委員会が制定する規定に従う（同法第68条）。

(6) 国際協力

国家監察委員会は、外国、国際機関等との間で反腐敗に係る法執行、引渡し、司法共助、資産回収等の協力を強化する（第 51 条）。また、国内関係機関に対し、国外逃亡防止、国際捜査協力等、反腐敗国際協力の取組を推進するよう促す（第 52 条）。

おわりに

監察委員会制度の導入後、汚職・腐敗関連の摘発対象は、従来の数倍に拡大すると見込まれている[23]。また、監察法は、監察対象者への調査の実施に当たり、所定の要件に当てはまる場合、当該監察対象者と関係する企業側の責任者等に対する留置措置も可能とする旨を規定している（第 22 条第 2 項）。そのため、中国国内でビジネスを行う外国企業及びその現地法人への影響が指摘されている[24]。

2 期目の習近平政権は、監察委員会制度の導入により非共産党員に対する監督を強化する一方で、共産党員の規律についても監督を一層強化している。例えば、「中国共産党規律処分条例」（表 1 参照）は、2016 年 1 月 1 日の改正により処分の厳格化等に関する規定が整備された後、2018 年 10 月 1 日にも再度、大幅な改正が行われた。最終改正では、旧条文（全 133 条）のうち 65 か条の規定内容の見直し、2 か条の統合のほか、11 か条が新設されて全 142 条となった。そこでは、規定内容が更に詳細化・厳格化されると共に、監察法の規定を踏まえた関係規定の見直しが行われている[25]。2 期目の習近平政権の下で、党と政府が一体化した国家監察体制は、急速にその形を整えつつある。

（おかむら　しがこ）

---

[23]「汚職摘発で機関新設　強力な権限を付与へ」『日本経済新聞』2018.3.14.
[24] 孫彦「中国の監察法の制定及び監察制度の確立について」『国際商事法務』46(6), 2018.6, pp.843-847.
[25]「一图了解《中国共产党纪律处分条例》修订的主要内容」中共中央纪律检查委员会・中华人民共和国国家监察委员会 <http://www.ccdi.gov.cn/tjts/ytdd/201808/t20180830_178734.html>

中華人民共和国監察法

中华人民共和国监察法
（2018 年 3 月 20 日第 13 期全国人民代表大会第 1 回会議で可決、同日公布・施行）

国立国会図書館　調査及び立法考査局
海外立法情報課長　岡村　志嘉子訳

【目次】
第 1 章　総則（第 1 条～第 6 条）
第 2 章　監察機関及びその職責（第 7 条～第 14 条）
第 3 章　監察範囲及び管轄（第 15 条～第 17 条）
第 4 章　監察権限（第 18 条～第 34 条）
第 5 章　監察手続（第 35 条～第 49 条）
第 6 章　反腐敗国際協力（第 50 条～第 52 条）
第 7 章　監察機関及び監察人員に対する監督（第 53 条～第 61 条）
第 8 章　法的責任（第 62 条～第 67 条）
第 9 章　附則（第 68 条～第 69 条）

第 1 章　総則

第 1 条
国家監察体制改革を深化させ、公権力を行使する全ての公職者に対する監督を強化し、網羅的な国家監察を実現し、反腐敗活動を一層進展させ、国のガバナンス体系及びガバナンス能力の現代化を推進するため、憲法に基づき、この法律を制定する。

第 2 条
国家監察業務に対する中国共産党の指導を堅持し、マルクス・レーニン主義、毛沢東思想、鄧小平理論、「3 つの代表」重要思想[1]、科学的発展観[2]及び習近平の新時代の中国の特色ある社会主義思想を導きとし、集中的で統一され、権威があり効果的な中国の特色ある国家監察体制を構築する。

第 3 条
各級監察委員会は、国家監察機能を行使する専門責任機関であり、この法律に基づき、公権力を行使する全ての公職者（以下「公職者」という。）に対し、監察を行い、職務上の法律違反及び職務犯罪を調査し、清廉政治の確立及び反腐敗活動を推進し、憲法及び法律の尊厳を守る。

第 4 条
監察委員会は、法律の定めるところにより独立して監察権を行使し、行政機関、社会団体

＊　本稿におけるインターネット情報の最終アクセス日は、2018 年 11 月 7 日である。
(1)　江沢民政権において提唱された基本思想。
(2)　胡錦濤政権において提唱された基本思想。

及び個人からの干渉を受けない。

　　監察機関は、職務上の法律違反又は職務犯罪に係る事件を処理するときは、裁判機関、検察機関及び法執行部門と相互協力し、及び相互牽制しなければならない。

　　監察機関が業務において協力を必要とするときは、関係する機関及び組織[3]は、監察機関の求めに基づき法に従って協力しなければならない。

第5条

　　国家監察業務は、憲法及び法律に厳格に従い、事実を根拠とし、法律を基準とし、法律の適用においては一律に平等で、当事者の合法的権利利益を保障し、権限と責任を同等のものとして厳格な監督を行い、懲戒と教育を結合し、寛大さと厳格さを併せ持つものとする。

第6条

　　国家監察業務においては、表面的事象と根本的原因の同時解決及び総合的ガバナンスを堅持し、監督・問責を強化し、腐敗取締りを厳格化し、改革の深化、法治の健全化及び権力の効果的な牽制・監督を実施し、法治教育と道徳教育を強化し、中華の優秀な伝統文化を振興し、腐敗をしない、できない、望まないという長期的に有効なメカニズムを構築する。

第2章　監察機関及びその職責

第7条

　　中華人民共和国国家監察委員会は、最高監察機関である。

　　省、自治区、直轄市、自治州、県、自治県、市及び市管轄区[4]に監察委員会を設置する。

第8条

　　国家監察委員会は、全国人民代表大会が選出し、全国の監察業務に責任を負う。

　　国家監察委員会は、主任、副主任若干名及び委員若干名から成る。主任は、全国人民代表大会が選挙し、副主任及び委員は、国家監察委員会主任の提案により全国人民代表大会常務委員会が任免する。

　　国家監察委員会主任の各任期は、全国人民代表大会の各任期と同一とし、再任は2期を超えてはならない。

　　国家監察委員会は、全国人民代表大会及び同常務委員会に対して責任を負い、かつ、その監督を受ける。

第9条

　　地方各級監察委員会は、当該級の人民代表大会が選出し、当該行政区域内の監察業務に責任を負う。

　　地方各級監察委員会は、主任、副主任若干名及び委員若干名から成る。主任は、当該級人民代表大会が選挙し、副主任及び委員は、監察委員会主任の提案により当該級人民代表大会常務委員会が任免する。

---

[3]　中国語原文は「単位」。中国語で「単位」とは、会社、団体、事業体を始めとする、ひとまとまりの組織となった職場等をいう。この翻訳では原則として「組織」と訳した。

[4]　中国の地方行政区画は、省級（省、自治区、直轄市）、地区級（地区級市、自治州等）、県級（市管轄区、県、自治県、県級市等）、郷級（鎮、郷、街道等）の4階層から成る（「自治」が付されるのは少数民族地域）。この条で挙げられているのは、県級以上の行政区画である。

地方各級監察委員会主任の各任期は、当該級人民代表大会の各任期と同一とする。

地方各級監察委員会は、当該級人民代表大会及び同常務委員会並びに1級上の監察委員会に対して責任を負い、かつ、その監督を受ける。

第10条

国家監察委員会は、地方各級監察委員会の業務を指導し、上級監察委員会は、下級監察委員会の業務を指導する。

第11条

監察委員会は、この法律及び関係法の定めるところにより、次の各号に掲げる監督、調査及び処置の職責を履行する。

(1) 公職者に対し、清廉政治教育を実施し、その法に基づく職責履行、公平な権力行使、清廉な政治及び職務の実施並びに倫理道徳の状況の監督・検査を行うこと。

(2) 汚職・贈収賄、職権濫用、職務怠慢、権力を用いたレントシーキング[5]、利益移転、情実による不正、国の資産・財産の浪費等の職務上の法律違反及び職務犯罪の疑いについて調査すること。

(3) 法律に違反した公職者に対し、法に基づき政務処分[6]の決定を行うこと。職責履行が不十分又は職責不履行の指導者に対し、問責を行うこと。職務犯罪の疑いがあるものについては、調査結果を人民検察院に移送し、法に基づく審査及び公訴の提起を行うこと。監察対象の所属先に監察提案を提出すること。

第12条

各級監察委員会は、当該級の中国共産党機関、国家機関、法による授権又は委託により公共事務を管理する組織等並びに管轄する行政区域及び国有企業等に対し、監察機構を設置し、又は監察専門員を派遣することができる。

監察機構及び監察専門員は、派遣元の監察委員会に対し責任を負う。

第13条

監察対象機関等に設置し、又は派遣された監察機構及び監察専門員は、授権に基づき、管理権限に従い、法により公職者に対し監督を行い、監察提案を提出し、法により公職者に対し調査及び処置を行う。

第14条

国は、監察官制度を実施し、法に従い監察官の等級設置、任免、考課、昇級等の制度を決定する。

第3章　監察範囲及び管轄

第15条

監察機関は、次の各号に掲げる公職者及び関係者に対し監察を行う。

(1) 中国共産党の機関、人民代表大会及び同常務委員会の機関、人民政府、監察委員会、人民

---

[5] rent seeking. 独占等の競争制限によって、特別の利益を得ようとすること。
[6] 中国語原文は「政務処分」。監察法施行による監察対象範囲の拡大に伴い、従来の「行政処分」に代えて用いられるようになった概念。具体的な処分内容は、同法第45条に規定されている。

法院、人民検察院、中国人民政治協商会議[7]各級委員会の機関、民主党派[8]の機関及び商工業連合会[9]の機関の公務員、並びに「中華人民共和国公務員法」[10]を参照して管理される者[11]

(2) 法令による授権、又は国家機関の法による委託を受けて公共事務を管理する組織において公務に従事する者

(3) 国有企業の管理職

(4) 公営の教育、研究、文化、医療衛生、スポーツ等の組織における管理職

(5) 基層大衆自治組織[12]における管理職

(6) その他法に従って公職を履行する者

第16条

　各級監察機関は、管理権限に基づき、当該管轄区域においてこの法律第15条に定める者が関係する監察事項を管轄する。

　上級監察機関は、1級下の監察機関の管轄範囲内の監察事項を処理することができ、必要な場合、管轄する各級監察機関の管轄範囲内の監察事項を処理することもできる。

　監察事項の管轄について監察機関の間で争いがあるときは、その共通の上級監察機関がそれを決定する。

第17条

　上級監察機関は、当該機関が管轄する監察事項を下級監察機関の管轄に指定することができ、下級監察機関が管轄権を有する監察事項を他の監察機関の管轄に指定することもできる。

　監察機関は、管轄する監察事項が重大かつ複雑であり上級監察機関の管轄とする必要があると判断したときは、上級監察機関に対しその旨を届け出ることができる。

第4章　監察権限

第18条

　監察機関は、監督及び調査の職権行使において、法に基づき関係する組織及び個人の状況を把握し、証拠を収集・取得する権限を有する。関係する組織及び個人は、ありのままにそれを提供しなければならない。

　監察機関及びその職員は、監督及び調査の過程において知った国家秘密、営業秘密及びプライバシーについて、秘密を守らなければならない。

　いかなる組織及び個人も、証拠を偽造し、隠匿し又は隠滅してはならない。

第19条

　職務上の法律違反が生じるおそれのある監察対象に対しては、監察機関は、管理権限に従

---

(7) 中国の各党派・団体等から成る統一戦線組織。
(8) 中国国民党革命委員会、中国民主同盟、中国民主建国会、中国民主促進会、中国農工民主党、中国致公党、九三学社、台湾民主自治同盟の8党派。
(9) 中国語原文は「工商业联合会」。中華全国商工業連合会及び各地方レベルの商工業連合会を指す。
(10) 「中华人民共和国公务员法」中国政府法制信息網 <http://search.chinalaw.gov.cn/law/searchTitleDetail?LawID=396089&Query=%E5%85%AC%E5%8A%A1%E5%91%98%E6%B3%95&IsExact=>
(11) 「中華人民共和国公務員法」を参照して管理される者とは、法の授権により公共事務管理の機能を有する事業体の職員をいう（同法第106条）。
(12) 中国語原文は「基层群众性自治组织」。都市部における住民委員会（居民委員会）及び農村部における村民委員会（村民委員会）を指す。それぞれ居住区ごとに設置される。

い、直接又は関係する機関若しくは人員に委託して面談し、又は状況の説明を求めることができる。

第20条

調査の過程において、職務上の法律違反の疑いがある被調査人に対しては、監察機関は、法律違反の疑いがある行為について陳述するよう求めることができ、必要な場合は、当該被調査人に対し書面による通知を発出することができる。

汚職・贈収賄、職責不履行等の職務犯罪の被調査人に対しては、監察機関は、尋問を行い、犯罪の疑いがかけられている状況についてありのままに供述するよう求めることができる。

第21条

調査の過程において、監察機関は、証人等の人員を尋問することができる。

第22条

被調査人に汚職・贈収賄、職責不履行等重大な職務上の法律違反又は職務犯罪の疑いがあり、監察機関が既に当該法律違反・犯罪の事実及び証拠の一部を把握している場合であって、なお重要な問題の更なる調査が必要であり、かつ、次に掲げる各号のいずれかに該当するときは、監察機関の法に基づく審査承認を経て、その者を特定の場所に留置することができる。

(1) 関係する事件の内容が重大かつ複雑であるとき。
(2) 逃走又は自殺のおそれがあるとき。
(3) 虚偽の供述の共謀、又は証拠の偽造、隠匿若しくは隠滅のおそれがあるとき。
(4) その他調査を妨害する行為を行うおそれがあるとき。

汚職犯罪又は共同職務犯罪の疑いのある関係者に対しては、監察機関は、前項の規定に従い、留置措置を講ずることができる。

留置場所の設置、管理及び監督は、国の関係規定に従って行う。

第23条

監察機関は、汚職・贈収賄、職務不履行等の重大な職務上の法律違反又は職務犯罪の疑いについて調査するとき、業務の必要に応じて、規定に基づき、事件に関係する組織及び個人の預金、送金、債券、株券、基金持分等の財産の照会及び凍結を行うことができる。関係する組織及び個人は、それに協力しなければならない。

凍結された財産が、事件と無関係であることが判明したときは、それが判明してから3日以内に凍結を解除し、返還しなければならない。

第24条

監察機関は、職務犯罪の疑いがある被調査人及び被調査人又は犯罪の証拠を隠匿するおそれがある者の身体、物品、住居及びその他の関係先に対し、捜索を行うことができる。捜索に当たっては、捜索状を提示し、かつ、被捜索人又はその家族等の証人を立ち会わせなければならない。

女性の身体の捜索は、女性の職員が行わなければならない。

監察機関は、捜索を行うに当たり、業務の必要に応じて公安機関に協力を要請することができる。公安機関は、法に従ってそれに協力しなければならない。

第25条

監察機関は、調査の過程において、被調査人の違法犯罪の疑いを証明する財物、文書及び電子データ等の情報を取得し、封印し、及び差し押さえることができる。取得、封印及び差

押えの措置を講ずるときは、原本を収集し、所有者若しくは保管者又は証人の立会いの下に1件ずつ写真撮影し、登録し及び番号付与を行い、一覧表を作成し、立会人がその場で確認し、及び署名し、かつ、一覧表の副本を財物及び文書の所有者又は保管者に渡さなければならない。

取得、封印及び差押えを行った財物及び文書については、監察機関は、専用口座及び専用の場所を設置し、専門人員を定めて適切に保管し、受取及び取得の手続を厳格に履行し、定期的に一覧表と照合しなければならず、毀損し、又は他の目的に使用してはならない。価値の不明な物品は、速やかに鑑定し、専用の収蔵場所を設けて保管しなければならない。

封印又は差押えを行った財物及び文書が事件と無関係であることが判明したときは、それが判明してから3日以内に封印及び差押えを解除し、返還しなければならない。

第26条

監察機関は、調査の過程において、直接に又は専門知識及び資格を有する者を指名し若しくは招聘して、調査人員の指示の下に実地検査を行うことができる。実地検査状況については、調書を作成し、当該調書には実地検査の実施者及び証人が署名し、又は捺印しなければならない。

第27条

監察機関は、調査の過程において、事件における専門的な問題について、専門知識のある者を指名し又は招聘し、鑑定を行わせることができる。鑑定人は、鑑定後、鑑定意見を作成し、かつ、署名しなければならない。

第28条

監察機関は、重大な汚職・贈収賄等の職務犯罪の疑いについて調査するときは、必要に応じ、厳格な承認手続を経て技術調査措置[13]を講じ、規定に基づき関係機関にその実施を移管することができる。

承認の決定においては、実施する技術調査措置の種類及び適用対象を明確にしなければならず、有効期間は、決定日から3か月以内とする。複雑で難しい事件であって、期間が満了した後も技術調査措置を継続する必要がある場合は、承認を経て、毎回3か月を超えない範囲で有効期間を延長することができる。技術調査措置を継続する必要がない場合は、速やかに当該措置を解除しなければならない。

第29条

法に基づき留置すべき被調査人が逃走しているときは、監察機関は、当該行政区域内での指名手配を決定することができ、公安機関が指名手配書を発出し、追跡・逮捕する。指名手配の範囲が当該行政区域を越えるときは、決定権限のある上級監察機関に届け出て決定を求めなければならない。

第30条

監察機関は、被調査人及びその関係者の国外逃亡を防止するために、省級以上の監察機関の承認を経て、被調査人及びその関係者に対し出国制限の措置を講ずることができ、公安機関が法に従ってそれを執行する。出国制限措置を継続する必要がない場合は、速やかに当該措置を解除しなければならない。

---

(13) 技術的手段を用いた調査を行うこと。

第 31 条
　職務犯罪の疑いがある被調査人が自主的に罪を認め、次の各号に掲げる状況のいずれかに該当するときは、監察機関は、幹部人員が合同で検討し、かつ、1級上の監察機関の承認を経て、人民検察院に移送する際に当該被調査人に対する処罰を軽くするよう意見具申することができる。
(1) 自主的に事件を報告し、過ちを心から悔いているとき。
(2) 積極的に調査に協力し、監察機関が把握していない違法犯罪行為についてありのままに供述したとき。
(3) 積極的に贓物を返還し、損失を減少させたとき。
(4) 大きな功績、又は事件が国の重大利益に関わる等の状況があるとき。

第 32 条
　職務違法犯罪の事件関係者が関係する被調査人の職務違法犯罪行為を摘発し、それが真実であると証明され、又は重要な解明の手掛かりを提供し、その他の事件の調査の手助けとなったときは、監察機関は、幹部人員が合同で検討し、かつ、1級上の監察機関の承認を経て、人民検察院に移送する際に当該関係者に対する処罰を軽くするよう意見具申することができる。

第 33 条
　監察機関がこの法律の規定に基づき収集した物的証拠、文書の証拠、証人の証言、被調査人の供述・弁明、視聴覚資料、電子データ等の証拠資料は、刑事訴訟において証拠として使用することができる。
　監察機関が証拠を収集し、固定し、審査し、及び運用するときは、刑事裁判における証拠に関する要求及び基準と一致させなければならない。
　不法な方法で収集した証拠は、法に従って排除しなければならず、事件処理の根拠としてはならない。

第 34 条
　人民法院、人民検察院、公安機関、会計検査機関等の国家機関は、業務において公職者の汚職・贈収賄、職責不履行等の職務上の法律違反又は職務犯罪が疑われる問題を解明するための手掛かりを発見したときは、監察機関に移送しなければならず、監察機関が法に従い調査及び処置を行うものとする。
　被調査人に重大な職務上の法律違反又は職務犯罪の疑いがあり、かつ、その他の違法犯罪の疑いもあるときは、通常、監察機関が主たる調査を行い、その他の機関はそれに協力しなければならない。

第 5 章　監察手続

第 35 条
　監察機関は、事件の報告又は告発については、受理し、かつ、関係規定に基づいて処理しなければならない。当該機関の管轄に属さないものについては、主管機関に移送して処理しなければならない。

第 36 条

　監察機関は、手続に厳格に従って業務を遂行し、問題解明の手掛かりに係る処置、調査、審理の各部門が相互協力及び相互牽制を行う業務メカニズムを構築しなければならない。

　監察機関は、調査及び処置の全過程に対する監督管理を強化し、解明の手掛かりの管理、監督検査、督促処理、統計分析等の管理調整を行う相応の業務部門を設置しなければならない。

第 37 条

　監察機関は、監察対象に関する問題解明の手掛かりに対して、関係規定に基づき処置意見を提出し、審査承認手続を履行し、及び分野別処理を実施しなければならない。解明の手掛かりの処置状況については、定期的に取りまとめて報告し、定期的に検査及び抽出調査を行わなければならない。

第 38 条

　初期事実確認[14]の方法により解明の手掛かりに関する処置を行う必要があるときは、監察機関は、法に従って審査承認手続を履行し、調査班を設置しなければならない。調査班は、初期事実確認の終了後、初期事実確認状況報告を取りまとめ、処理提案を提出しなければならない。担当部門は、分野別の処理意見を提出しなければならない。初期事実確認状況報告及び分野別処理意見は、監察機関の主要な責任者に報告し、審査の上、承認を得るものとする。

第 39 条

　初期事実確認を経て、監察対象に職務違法犯罪の疑いがあり、法的責任を追及する必要があるときは、監察機関は、定められた権限及び手順に従い立件手続を行わなければならない。

　監察機関の主要な責任者は、法に従い立件を承認した後、特別会議を招集し、調査計画を検討してそれを確定し、講ずる必要のある調査措置を決定しなければならない。

　立件調査の決定は、被調査人に通告し、かつ、関係組織に通報しなければならない。重大な職務上の法律違反又は職務犯罪の疑いがあるときは、被調査人の家族に通知し、かつ、社会に公表しなければならない。

第 40 条

　監察機関は、職務上の法律違反又は職務犯罪の事件に対し、調査を行い、被調査人の違法犯罪の有無及び情状軽重の証拠を収集し、違法な犯罪事実を明らかにし、相互に符合し完全で揺るぎない証拠群を形成しなければならない。

　威嚇、誘導、欺瞞その他不法な方法で証拠を収集し、又は被調査人及び事件関係者に対し侮辱、殴打・面罵、虐待、体罰若しくは形を変えた体罰を行うことは、固く禁じられる。

第 41 条

　調査人員は、尋問、質問、留置、捜索、取得、封印、差押え、現場検証等の調査措置を講ずるときは、いずれにおいても規定に従い身分証明書を提示し、書面による通知を発出し、2 名以上で実施し、調書、報告等の書面による資料を作成し、かつ、関係者がそれに署名・捺印しなければならない。

　調査人員が尋問及び捜索、封印、差押え等の重要な証拠収集を行うときは、その全過程の

---

[14] 中国語原文は「初歩核実」。所定の手続に従って行う第一段階の事実確認作業のことをいう。

第42条

　調査人員は、調査計画を厳格に執行し、みだりに調査範囲を拡大し、又は調査の対象若しくは事項を変更してはならない。

　調査過程における重要事項については、合同で検討した後、手続に従い報告しなければならない。

第43条

　監察機関が留置措置を講ずるときは、監察機関の幹部人員が合同で検討し、決定しなければならない。区設市[15]級以下の監察機関が留置措置を講ずるときは、1級上の監察機関に報告し承認を得なければならない。省級監察機関が留置措置を講ずるときは、国家監察委員会に届け出なければならない。

　留置期間は、3か月を超えてはならない。特別な状況においては、1回延長することができるが、その延長期間は、3か月を超えてはならない。省級以下の監察機関が留置措置を講ずるときは、留置期間の延長に際しては、1級上の監察機関の承認を経なければならない。監察機関は、留置措置が不当であることを発見したときは、速やかにそれを解除しなければならない。

　監察機関は、留置措置を講ずるとき、業務の必要に応じて公安機関に協力を要請することができる。公安機関は、法に従ってそれに協力しなければならない。

第44条

　被調査人に対し留置措置を講じた後、24時間以内に被留置者の所属先及び家族に通知しなければならない。ただし、証拠の破壊若しくは偽造、証人の証言に対する妨害又は虚偽の供述の共謀等、調査の支障となるおそれがある場合を除く。調査の支障となるおそれが無くなったときは、直ちに被留置者の所属先及び家族に通知しなければならない。

　監察機関は、被留置者の飲食、休息及び安全を保障し、医療サービスを提供しなければならない。被留置者を尋問するときは、尋問の時刻及び長さを合理的に設定し、尋問調書は、被尋問者が閲覧の上、署名しなければならない。

　被留置者が犯罪の疑いにより司法機関に移送された後、法に従い禁錮、拘留及び有期懲役に処されたときは、留置1日につき、禁錮は2日、拘留及び有期懲役は1日を減ずる。

第45条

　監察機関は、監督及び調査の結果に基づき、法に従い次の各号に掲げる処置を行う。

(1) 職務上の違法行為があるが情状が比較的軽い公職者に対して、管理権限に従い、直接又は関係する機関若しくは人員に委託し、面談による注意、教育的批判[16]、自己批判命令又は訓戒を行うこと。

(2) 法律違反の公職者に対して、法に定める手続に従い、戒告、過失記録[17]、重大過失記録[18]、降格、解任、懲戒免職等の政務処分決定を行うこと。

(3) 職責を履行せず、又は正しく履行しなかった責任を負う指導者に対して、管理権限に従

---

(15) 中国語原文は「设区的市」。市の下に区が設置されている比較的規模の大きい市をいう。
(16) 中国語原文は「批评教育」。誤りを批判し、教育することをいう。
(17) 中国語原文は「记过」。過失として記録に残す処分をいう。
(18) 中国語原文は「记大过」。重大な過失として記録に残す処分をいう。

い、当該人員に対し直接問責決定を行い、又は問責決定を行う権限のある機関に問責提案を提出すること。
(4) 職務犯罪の疑いがある場合、監察機関は、調査を経て犯罪事実が明白であり、証拠が確実かつ十分であると認めるときは、起訴意見書を作成し、当該事件の資料及び証拠と併せて人民検察院に移送し、人民検察院において法に基づく審査を行い、公訴を提起すること。
(5) 監察対象の所属先の清廉政治の確立及び職責履行に関して存在する問題等について、監察提案を提出すること。

監察機関は、調査を経て、被調査人に違法犯罪行為があることを証明する証拠がなかったときは、事件を取り消し、かつ、被調査人の所属先に通知しなければならない。

第46条

監察機関は、調査を経て、違法に取得された財物については、法に従って没収し、追徴し、又は弁償を命じ、犯罪により取得された疑いがある財物については、事件と共に人民検察院に移送しなければならない。

第47条

監察機関が移送した事件については、人民検察院は、「中華人民共和国刑事訴訟法」[19]に基づき被調査人に対し強制措置を講ずる。

人民検察院は、審査を経て、犯罪事実が既に明白であり、証拠が確実かつ十分であり、法に従って刑事責任を追及すべきであると認めたときは、起訴の決定を行わなければならない。

人民検察院は、審査を経て、補充の事実確認が必要であると認めたときは、監察機関に差し戻して補充調査を行わせなければならず、必要なときは、自ら補充捜査を行うことができる。補充調査を行う事件については、1か月以内に補充調査を完了しなければならない。補充調査は、2回を限度とする。

人民検察院は、「中華人民共和国刑事訴訟法」に定める不起訴に該当するものについては、1級上の人民検察院の承認を経て、法に従い不起訴の決定を行う。監察機関は、不起訴の決定に誤りがあると認めたときは、1級上の人民検察院に不服審査を求めることができる。

第48条

監察機関は、汚職・贈収賄、職責不履行等の職務犯罪事件の調査の過程において、被調査人が逃亡し又は死亡し、調査の継続が必要であるときは、省級以上の監察機関の承認を経て、調査を継続し、かつ、結論を下さなければならない。被調査人が逃亡し、指名手配から1年経過しても出頭させることができず、又は死亡したときは、監察機関が人民検察院に対し、法に定める手続に従い人民法院に違法所得没収の申請を提出するよう求めるものとする。

第49条

監察対象は、監察機関により行われた自身に関係する処理決定に不服であるときは、処理決定を受け取った日から1か月以内に決定を行った監察機関に不服審査を申し立てることができ、不服審査機関は、1か月以内に不服審査の決定を下さなければならない。監察対象は、不服審査の決定についても不服であるときは、不服審査の決定を受け取った日から1か月以内に、1級上の監察機関に再審査を申し立てることができ、再審査機関は、2か月以内に再審査の決定を下さなければならない。不服審査及び再審査の期間中、元の処理決定の執行は、

---

[19] 「中华人民共和国刑事诉讼法」中国政府法制信息网 <http://www.chinalaw.gov.cn/art/2012/3/19/art_11_88192.html>

停止しない。元の処理機関は、再審査機関が審査の上、処理決定に誤りがあったことを認めたときは、速やかにそれを是正しなければならない。

第6章　反腐敗国際協力

第50条

国家監察委員会は、他の国、地域及び国際機関との間で行う反腐敗国際交流・協力を統一的に調整し、及び反腐敗国際条約の実施に係る業務を組織する。

第51条

国家監察委員会は、関係方面と調整を図り、関係する国、地域及び国際機関との間で、反腐敗に係る法執行、引渡し、司法共助、収監者移送、資産回収、情報交換等の分野における協力を強化する。

第52条

国家監察委員会は、反腐敗に係る国際追跡及び逃亡防止への協力を強化し、関係機関に対し次の各号に掲げる関係業務の実施を督促する。

(1) 重大な汚職・贈収賄、職責不履行等の職務犯罪事件であって、被調査人が国（域）外に逃亡し、証拠の把握が比較的確実であるものについては、国外捜査協力を実施することにより逮捕し、裁判に付すこと。

(2) 贓物の所在国に対し、事件に関係する資産の照会、凍結、差押え、没収、追徴及び返還を請求すること。

(3) 職務犯罪の疑いがある公職者及びその関係者の出入国（域）及び越境資金の流動状況を関係機関等に照会し、及び監視し、事件調査の過程において逃亡防止手続を整備すること。

第7章　監察機関及び監察人員に対する監督

第53条

各級監察委員会は、当該級人民代表大会及び同常務委員会の監督を受けなければならない。

各級人民代表大会常務委員会は、当該級監察委員会による個別業務報告の聴取及び審議を行い、法執行検査を実施する。

県級以上の各級人民代表大会及び同常務委員会が会議を開催するときは、人民代表大会代表又は常務委員会構成員は、法律に定める手続に従い、監察業務に関係する問題について質問又は照会を行うことができる。

第54条

監察機関は、監察業務情報を法に従って公開し、民主的監督、社会の監督及び世論の監督を受けなければならない。

第55条

監察機関は、内部に専門の監督機構を設置する等の方法により、監察人員の職務執行及び法律遵守の状況に対する監督を強化し、忠誠、清廉かつ責任感の強い監察人員集団を構築する。

第 56 条

　監察人員は、憲法及び法律を模範的に遵守し、職務に忠実で、公平に法を執行し、清廉潔白で、秘密を守らなければならず、良好な政治的素質を有し、監察業務を熟知し、法令、政策、証拠収集等の運用能力を具備し、意識的に監督を受け入れなければならない。

第 57 条

　監察人員に対し事件の状況を尋ね、事件に口出しし、情実で事件に関与する者については、監察事項を担当する監察人員は、速やかに報告を行わなければならない。当該関連状況は、記録し文書として保管しなければならない。

　監察事項を担当する監察人員が承認を得る前に被調査人、事件関係者及びその特定関係者と接触し、又は交流がある事実を発見したときは、その状況を知る者は、速やかに報告しなければならない。当該関連状況は、記録し文書として保管しなければならない。

第 58 条

　監察事項を担当する監察人員は、次の各号に掲げる状況のいずれかに該当するときは、自ら回避しなければならず、監察対象、告発人及びその他の関係者も、回避を要求する権利を有する。

(1) 監察対象又は告発人の近親者であるとき。

(2) 当該事件の証人となったことがあるとき。

(3) 本人又はその近親者が担当する監察事項と利害関係を有するとき。

(4) その他監察事項の公正な処理に影響を及ぼすおそれがあるとき。

第 59 条

　監察機関の秘密に関係する人員は、離任及び離職の後、秘密保持期間に係る管理規定を遵守し、秘密保持義務を厳格に履行しなければならず、関係する秘密を漏らしてはならない。

　監察人員は、辞職又は定年退職から 3 年以内は、監察及び司法業務と関連し、かつ、利益相反が生じるおそれのある職業に従事してはならない。

第 60 条

　監察機関及びその職員に次の各号に掲げる行為のいずれかがあったときは、被調査人及びその近親者は、当該機関に対し不服申立てを行う権利を有する。

(1) 法に定める留置期間が満了しても釈放しなかったとき。

(2) 事件と無関係の財物を封印し、差し押え、又は凍結したとき。

(3) 解除すべき封印、差押え又は凍結の措置を解除しなかったとき。

(4) 封印し、差し押え又は凍結した財物を着服し、横領し、隠匿し、交換し、及び規定に違反して使用したとき。

(5) その他法令に違反し被調査人の合法的権利利益を侵害する行為

　不服申立てを受理した監察機関は、当該申立てを受理した日から 1 か月以内に処理決定を下さなければならない。申立人が当該処理決定に不服であるときは、処理決定を受け取った日から 1 か月以内に 1 級上の監察機関に再審査を申請することができ、1 級上の監察機関は、再審査申請を受け取った日から 2 か月以内に処理決定を下し、申立ての状況が正しいときは、速やかに是正しなければならない。

第 61 条

　調査活動の終了後、立件根拠が不十分又は真実でなく、事件の処理に重大な誤りがあり、

監察人員が著しく違法であったことが判明したときは、責任を負う指導者及び直接の責任者の責任を追及しなければならない。

第8章　法的責任

第62条

関係組織が監察機関が下した処理決定の執行を拒否し、又は正当な理由なく監察提案の受入れを拒否したときは、当該組織の主管部門及び上級機関が是正を命じ、当該組織に対して批判通告処分[20]を行う。責任を負う指導者及び直接の責任者に対しては、法に従って処理を行う。

第63条

この法律の規定に違反し、次の各号に掲げる行為のいずれかを行った関係者に対しては、その所属先、主管部門、上級機関又は監察機関が是正を命じ、法に従って処理を行う。
(1) 関係する資料を要求に基づいて提供せず、調査措置の実施を拒絶し又は妨害するなど、監察機関の調査に協力することを拒んだとき。
(2) 虚偽情報を提供し、又は事実の真相を隠蔽したとき。
(3) 虚偽の供述の共謀、又は証拠の偽造、隠匿若しくは隠滅を行ったとき。
(4) 他人が摘発又は証拠提供を行うことを阻止したとき。
(5) その他この法律の規定に違反する行為であって、情状が重いとき。

第64条

監察対象が告訴人、告発人、証人又は監察人員に対し報復を行ったとき、及び告訴人、告発人又は証人が事実を捏造し監察対象を誣告したときは、法に従って処理を行う。

第65条

監察機関及びその職員に次の各号に掲げる行為のいずれかがあったときは、責任を負う指導者及び直接の責任者に対し、法に従って処理を行う。
(1) 承認又は授権を経ることなく問題解明の手掛かりに係る処置を行い、重大な事件の状況を知ったにもかかわらず隠蔽して報告せず、又は関係する資料を私的に保管し、若しくは処理したとき。
(2) 職権又は職務上の影響力を利用して調査活動に関与し、事件を私物化したとき。
(3) 調査活動情報を違法に窃取し、若しくは漏洩し、又は告発事項、告発受理状況及び告発人情報を漏洩したとき。
(4) 被調査人又は事件関係者に対し、供述を強制し、若しくは誘導し、又は侮辱、殴打・面罵、虐待、体罰若しくは形を変えた体罰を加えたとき。
(5) 規定に違反して封印し、差し押え又は凍結した財物に対する処置を行ったとき。
(6) 規定に違反して事件処理において安全に関わる事故を起こし、又は、安全に関わる事故を起こした後、それを隠蔽して報告せず、真実を報告せず、又は処置が不当であったとき。
(7) 規定に違反して留置措置を講じたとき。
(8) 規定に違反して他人の出国を制限し、又は規定に従うことなく出国制限を解除したとき。

---

[20] 中国語原文は「通報批評」。

(9) その他職権濫用、職務怠慢又は情実による不正の行為

第66条

この法律の規定に違反し、犯罪を構成するときは、法に従い刑事責任を追及する。

第67条

監察機関及びその職員による職権の行使が、公民、法人及びその他の組織の合法的権利利益を侵害し、損失をもたらしたときは、法に従い国家賠償を行う。

第9章　附則

第68条

中国人民解放軍及び中国人民武装警察部隊が遂行する監察業務については、中央軍事委員会がこの法律に基づき具体的な規定を制定する。

第69条

この法律は、公布の日から施行する。「中華人民共和国行政監察法」は、同時に廃止する。

出典
・「中华人民共和国监察法」中国政府法制信息网 <http://www.chinalaw.gov.cn/art/2018/3/22/art_11_207680.html>

（おかむら　しがこ）

Foreign Legislation

Legislative Information, Translation and Analysis

No.278, December 2018

Contents

Major Legislative Trends: Translation and Analysis

U.S. Women, Peace and Security Act of 2017
    Junko Hirose, Hisayoshi Harada 1

Reorganization of financial relations between the Federation and the Länder in Germany
    Fukuko Watanabe 15

Germany's Network Enforcement Act: Tackling illegal online content
    Yutaro Kohtari 49

China's Supervision Law and the national supervisory system
    Shigako Okamura 63

＊本誌は、国政審議の参考に資するため、諸外国の最新の立法動向をまとめたものです。
＊本誌に掲載した記事は、調査及び立法考査局内において、国政審議に係る有用性、記述の中立性、客観性及び正確性、論旨の明晰（めいせき）性等の観点からの審査を経たものです。
＊本誌に掲載した記事のうち、意見にわたる部分は、それぞれ筆者の個人的見解であることをお断りしておきます。
＊本誌に掲載された記事を全文又は長文にわたり抜粋して転載される場合には、事前に当局調査企画課にご連絡ください。
＊本誌の内容及びバックナンバーは、国立国会図書館ホームページ（http://www.ndl.go.jp）でも、ご覧いただけます。

外国の立法　立法情報・翻訳・解説	第278号	平成30年12月10日発行
	編　集　国立国会図書館調査及び立法考査局	
	発　行　国立国会図書館	
	〒100-8924　東京都千代田区永田町1-10-1　電話03(3581)2331（代表）	
	発　売　公益社団法人　日本図書館協会	
	〒104-0033　東京都中央区新川1-11-14　電話03(3523)0812（販売直通）	
	印　刷　株式会社丸井工文社	

ISBN 978-4-87582-826-6　　　　　　　　　　　　　　　　　　定価：本体1,800円（税別）
中性再生紙使用